ZED

INCONVENANCES

SOCIALES

FRAGMENTS DU JOURNAL D'UN VIEUX GARÇON

PARIS

ERNEST KOLB, ÉDITEUR

8, RUE SAINT-JOSEPH, 8

INCONVENANCES

SOCIALES

DU MÊME AUTEUR

La Société parisienne. 1 vol. in-18 jésus .   3 fr. 50

Mondes parisiens. 1 vol. in-18 jésus . . .   3 fr. 50

Parisiens et Parisiennes en déshabillé.

 1 vol. in-18 jésus . . . .   3 fr. 50

La grande Vie de Paris. 1 vol. in-18 jésus   3 fr. 50

La Parisienne au point de vue de l'Amour.

 1 vol. in 18 jésus. . . . .   3 fr. 50

ÉMILE COLIN — IMPRIMERIE DE LAGNY

ZED

Inconvenances

SOCIALES

FRAGMENTS DU JOURNAL D'UN VIEUX GARÇON

PARIS

ERNEST KOLB, ÉDITEUR

8, RUE SAINT JOSEPH, 8

Qu'on se rassure. Ce n'est ni un cours de morale ni un nouveau traité de civilité puérile et honnête. Il s'agit tout simplement de démontrer l'inconvenance des convenances — à quoi l'on espère réussir.

Que si, d'aventure, il résultait de cette démonstration que notre prétendue civilisation est une atroce fumisterie et qu'il faut regretter l'état de nature, ce ne serait point la faute de l'auteur, qui décline à cet égard toute espèce de responsabilité.

Z.

I

LE MARIAGE

I

LE MARIAGE

A quoi bon le cacher? Je tiens pour l'union libre; le mariage m'ayant toujours paru le comble de l'indécence et de l'affichage de ce que la pudeur nous invite à dérober aux regards indiscrets de nos semblables.

Ce monsieur et cette dame qui ne se quittent pas d'une semelle — en public du moins — qui se promènent constamment ensemble en ayant l'air de vous dire : « Vous savez !...

ce n'est pas une autre ou un autre... c'est lui ou elle... ç'a été hier et ce sera demain... voilà pourquoi nous sommes accouplés », me font l'effet de deux effrontés, de deux cyniques sans vergogne et m'inspirent une profonde horreur.

Notez bien que, les trois quarts du temps, le monsieur ou la dame, souvent les deux, n'ont rien d'agréable ni d'excitant et que les tableaux vivants que le rapprochement de leurs personnes fait involontairement passer dans l'imagination de l'observateur sont à vous dégoûter de l'amour pour le reste de vos jours...

Ne vous est-il jamais arrivé de rencontrer un pachyderme, lourd, haut en couleur, gauche, satisfait de lui-même, affreux de bestialité et de sensualisme grossier, flanqué d'une girafe maigre, sèche, revêche, disgracieuse, et de vous demander, avec stupeur et répugnance, ce qui pouvait bien se passer derrière le rideau?...

Quand on voit circuler côte à côte un homme et une femme qui ne sont pas mariés, on n'est pas forcé de faire des réflexions sur leurs relations et, en général, on n'y songe point. On peut tout supposer, du reste, mais on peut aussi douter de tout ; aucune certitude ne vous hante l'esprit. Tandis que, quand cet homme et cette femme ont jugé à propos de se fourrer un écriteau sur le front, quand ils avouent, quand ils affichent insolemment les privautés auxquelles ils se livrent, l'hésitation n'est plus possible et il faut subir leur impudeur.

Je ne sais si vous êtes comme moi : tout ce qui frappe mon cerveau et mes sens fait immédiatement tableau, et je ne puis voir les acteurs d'une comédie ou les éléments d'une action sans me représenter aussitôt cette comédic ou cette action. Ai-je devant les yeux un mari mince, efflanqué, anguleux, long, donnant le bras à une formidable moitié aux formes plantureuses et rebondissantes, je crois voir dans les profondeurs d'une alcôve bien close... une canne sur un édredon. Vous imaginez où cela me conduit.

Et les indiscrétions naïvement dévergondées du couple légal!... *Elle* est ordinairement plus réservée; mais *lui*... On a des envies féroces de le jeter par la fenêtre. Il faut voir avec quelle impudence répugnante de mâle égoïste et satisfait il fait valoir ses droits conjugaux et il insinue, chaque fois que l'occasion s'en présente, qu'il en use et qu'il en abuse. Il faut voir de quel air triomphant il l'emmène d'un bal ou d'une soirée, en lui disant de façon à être entendu :

— Il est tard. Allons nous coucher...

C'est comme un défi insolent jeté à la face

des célibataires! Vous voudriez rester dans l'incertitude; vous caressez l'illusion d'une association intellectuelle et quasi platonique; vous détournez votre pensée d'un spectacle prosaïque et révoltant. Je t'en moque! On vous y ramène, on vous fourre le nez dedans, on vous force à regarder par le trou de la serrure les scènes de débauche les plus insipides et les plus niaises qu'il soit possible de rêver — d'une débauche obligatoire, méthodique, hygiénique, réglée et dépourvue de tout ce qui donne du piquant, du capiteux, de l'imprévu, du mystérieux, du charme à l'autre, de tout ce qui l'embellit et l'excuse.

L'inconvenance a commencé le jour du mariage. Avez-vous assisté quelquefois à cette cérémonie soi-disant religieuse qui est le sublime du ridicule et de la grivoiserie autorisée? Moi, je m'en prive le plus que je peux; je m'éloigne de parti pris de cette publicité extravagante que je retiens pour scandaleuse et qui, n'était son caractère officiel, son acceptation consacrée par un usage mondain digne des Peaux-Rouges, serait considérée à juste titre comme un attentat aux mœurs.

Connaissez-vous rien de plus inconvenant, rien de plus odieux que l'exhibition préméditée et brutale de cette vierge immaculée, destinée à tomber le soir même dans les bras d'un viveur lubrique que, quatre-vingt-dix-neuf fois sur cent, elle connaît à peine et qui, tout effarouchée du changement radical qui va s'opérer en elle, affublée d'une toilette grotesque, d'emblèmes qui la singularisent et provoquent la gaudriole, est livrée en pâture à la curiosité et aux quolibets d'une foule indifférente et sceptique?

Je me suis souvent demandé ce qui pouvait traverser le cerveau d'une jeune fille dans un pareil moment et j'imagine que, si elle n'est pas blindée comme une frégate à trois ponts, elle doit être furieusement écœurée.

Cette idée géniale et éminemment graveleuse de la faire monter au retour, devant tous les garçons épiciers et toutes les cuisinières du quartier, dans la voiture du monsieur qui, sous prétexte de bénédiction nuptiale, s'apprête, avec une ardeur sauvage, à la déflorer, m'a toujours paru le comble de la malpropreté et de la cruauté.

Mais, patience, ce n'est encore qu'un début. On va les soumettre tous deux, pendant trois heures d'horloge, à l'examen attentif et licencieux des parents et des amis, aux remarques égrillardes des matrones, qui se permettront, dans cette circonstance, des propos et des regards à faire rougir un quartier-maître ; aux conjectures, aux divagations imaginatives, aux sous-entendus des bonnes petites camarades.

Et le voyage de noces, préparé d'avance, dans un but déterminé au vu et su de tout le monde, afin que nul n'en ignore, uniquement pour faciliter et assurer la consommation du sacrifice, la réussite de la petite fête ; le voyage de noces pendant lequel papa et maman et tous les intimes, suivant par la pensée les mariés avec des intentions et des préoccupations d'un réalisme effrayant, tireront leur montre à minuit et s'écrieront en chœur : — « Ah ! ah ! à l'heure qu'il est, Madeleine et Gaston... » croyez-vous que ce ne soit pas le dernier mot de l'incongruité sociale et de l'obscénité bourgeoise ?

Non, tant qu'on ne m'aura pas démontré pourquoi on conduit au poste des malheureux qui se laissent surprendre à des épanche-ments amoureux sur un banc du parc Mon-

ceau ou du boulevard extérieur et qui ont
encore la pudeur de se cacher autant qu'il
est en leur pouvoir ; tandis que l'on permet,
que l'on honore, que l'on encourage l'étalage
éhonté et provocant de l'accouplement légal
de deux individus de sexe différent, je per-
sisterai à considérer cette horrible mise en
scène comme une suprême inconvenance et
comme un reste de barbarie.

* * *

— Comment va madame de la Roche-Trom-
pette ?

— Pas trop mal, je vous remercie ; comme
on peut aller dans un état de grossesse aussi
avancé que le sien. Vous comprenez, elle en
est à son huitième mois...

Comme en termes galants ces choses-là sont dites et comme cette simple phrase, qui n'a l'air de rien, est poétique et élégante! A l'instant même, on est au fait de la situation, on embrasse d'un seul coup d'œil l'ensemble et les détails du groupe, l'effet et la cause.

C'est charmant, c'est voluptueux, c'est plein de réserve et de bon goût. Il n'y manque, pour qu'on se pâme tout à fait et qu'on admire les merveilleux effets des institutions dont nous a dotés une civilisation raffinée, que de pouvoir contempler le gracieux objet de ce petit dialogue.

Soyez tranquille, ça ne tardera pas. Vous croyez, peut-être, qu'elle va rester chez elle, qu'elle va dissimuler la rondeur accusatrice de sa taille, l'obésité encombrante, informe et désobligeante dont elle est affligée? Détrompez-vous. Il est reçu qu'elle se montrera dans ce piteux appareil jusqu'à la dernière minute et elle n'aura garde de s'en priver.

Vous la verrez partout, au spectacle, aux courses, dans le monde, promenant triomphalement son infirmité et étalant impudemment son déshonneur. Lui, la suivra de l'air béat et avantageux de quelqu'un qui vient d'accomplir une action d'éclat, vous regardant du haut de sa grandeur et semblant vous dire avec orgueil : « C'est moi qui l'ai mise dans cet état là! » Comme s'il en était sûr, le jobard, et comme s'il y avait de quoi se vanter...

Bientôt il éprouvera le besoin de publier à son de trompe que madame *est heureusement accouchée* de n'importe quoi, c'est-à-dire de vous faire participer par la pensée à toutes les phases de l'opération, de photographier dans votre imagination les péripéties de la délivrance de sa tendre épouse.

Est-ce assez régalant et assez convenable?

Les relevailles — encore un bien joli mot — je n'en parle pas. La femme la plus collet-monté, qui rougirait en temps ordinaire de recevoir dans son lit, fait une toilette de circonstance, convoque le ban et l'arrière-ban de ses relations, *flirte* avec ses adorateurs, dont aucun n'ignore pourquoi elle est alitée, et leur raconte en minaudant qu'elle a beaucoup souffert, qu'elle n'a pas envie de recommencer — en est-elle sûre? — que les hommes sont bien heureux... etc., etc.

Vous rendez-vous compte de la tournure que doit prendre la conversation et du degré de positivisme que comporte la situation?

Avez-vous remarqué aussi que les ménages les plus pudibonds ont la manie des plaisanteries conjugales et des allusions lestes sur leur intimité? On dirait qu'ils prennent plaisir à vous renseigner sur leurs ébats et à vous initier aux secrets de leur existence nuptiale.

Or, ne trouvez-vous pas que les gauloiseries conjugales sont toujours triviales et choquantes? Dire des bêtises en l'air aussi risquées que l'on voudra, mais qui restent dans le vague, qui n'appuient pas et qui laissent planer dans l'esprit une certaine indécision et un certain mystère, est quelquefois amusant et spirituel. Dès qu'elles prennent corps, au contraire, dès qu'elles s'appliquent sans hésitation possible à quelque chose de précis et surtout de convenu, d'admis, de légitime, elles deviennent grossières, fades, offensantes et insoutenables.

En pareille matière, je suis de l'avis de cette femme d'esprit qui disait à ses amis :

« Tout ce que vous voudrez : des histoires scandaleuses, des mots scabreux, des taquineries sur mes fredaines, rien ne m'effarouche. Mais point de plaisanteries conjugales, je ne les supporte pas. »

*   *
  *

Et la famille fin de siècle, telle qu'on la contemple et qu'on l'admire, de nos jours, dans les grandes villes — à Paris surtout, — n'est-ce pas l'inconvenance des inconvenances, le comble du cynisme autorisé, la reproduction pure et simple élevée à la hauteur d'un sacerdoce?

Ne pas se contenter d'afficher le concubinage légal auquel on se livre au mépris de la décence la plus élémentaire et y associer les innocentes victimes qui en ont été la conséquence, les forcer à faire cortège à cette fanfaronnade de mauvais goût, à s'y associer respectueusement, au lieu de jeter un voile mystérieux et décent sur la comédie nocturne de la génération, est le paroxysme de la trivialité et du prosaïsme inconscient.

Avoir la prétention de transformer en institution d'utilité publique, en arche sacro-sainte, en clef de voûte du genre humain le résultat fortuit, et souvent panaché d'une étrange façon, de l'acte le plus vulgaire, le plus instinctif et le moins idéaliste de la nature livrée à elle-même, ne voit-on pas que c'est le sublime de l'impertinence et du ridicule?

La famille moderne! Mais elle souligne grossièrement l'impudeur du mariage. Elle attire l'attention des plus candides sur un ordre de choses que les bienséances les plus élémentaires commandent de dissimuler soigneusement; de l'effet, elle fait involontairement remonter à la cause et elle éveille dans l'esprit le moins porté aux idées licencieuses et terre-à-terre tout un monde de pensées outrageusement décolletées...

Ce monsieur et cette dame qui vivent, en pleine lumière, entourés de leurs produits, qui s'en font gloire, qui s'en vantent, qui poussent, parfois, l'insanité jusqu'à en tirer d'autant plus vanité que le nombre des preuves vivantes de leurs incongruités conjugales... est plus grand, me font l'effet de deux aliénés qui, ayant commis dans un coin obscur quelque malpropreté, n'auraient rien de plus pressé que de l'exposer au grand jour et de la montrer solennellement à la foule.

De la part du mâle, cette forfanterie révoltante est, la moitié du temps — vous voyez que j'ai la manche large — une outrecuidance grotesque et une fatuité insolente que rien ne justifie. C'est une des arrogances les plus choquantes et les plus insupportables

qui se puissent imaginer. Il a l'air d'un imbécile ou d'un débauché répugnant et mal
élevé.

De la part de la femme, c'est toujours du
dévergondage et, dans certains cas, c'est
l'éclatant aveu de son inconduite. C'est l'a-
bandon de cette réserve exquise, de ce par-
fum poétique et subtil qui émane vaguement
de sa personne et dont est fait son charme.
Il y en a, et des plus capiteuses, qui perdent,
à ce métier-là, toute leur grâce et toute leur
élégance, qui deviennent d'un réalisme
effrayant et qui finissent par ressembler à
de simples poulinières.

Quant aux pauvres rejetons que l'on condamne à figurer dans cette farce érotique
adaptée à une scène grave, la stupidité et
l'odieux en rejaillissent sur eux. Ils ont beau
être gentils, gracieux, innocents, sympa-
thiques au delà de tout, il faut qu'ils portent

la peine de la situation que leur a faite l'affichage perpétuel et éhonté auquel on les sou-
met.

Ils n'ont encore froissé aucune suscepti-
bilité et on ne demanderait pas mieux que de
les trouver délicieux. Mais voilà : on sait
trop ce qu'ils signifient, on est trop dans l'o-
bligation de se rappeler sans cesse d'où ils
viennent, ce qu'ils représentent et, pour apprécier la bonne cuisine, il est indispensable
d'ignorer comment elle se fait...

Et cette inconvenance permanente devant
laquelle s'extasie le naïf M. Prudhomme,
pour laquelle les pontifes des conventions sociales n'ont jamais assez d'admiration, jamais assez de phrases sonores et qui s'appelle
la vie de famille!...

Je ne parle pas, bien entendu, des gens
qui ont trois cent mille livres de rente.
Ceux-là n'ont une famille que pour la montre

et se gardent d'empoisonner leur intimité des détails scabreux qu'entraîne la stricte observation des règles de cette bizarre organisation.

Mais les intérieurs ordinaires, la bonne moyenne des ménages du monde qui se prennent au sérieux et qui n'ont pas les moyens de s'affranchir de la tyrannie d'une promiscuité destructive de toute illusion, de toute élégance et de toute pudeur, que pensez-vous que soit leur existence quotidienne?

Ils grouillent dans une familiarité nauséabonde, n'ayant rien de caché les uns pour les autres, se livrant, sans vergogne ni retenue aucune, aux soins de toilette et d'hygiène les plus particuliers, ne se gênant plus pour quoi que ce soit, passant leur temps à être écœurés de ce qu'ils voient chez le voisin et à se dégoûter profondément les uns des autres; ne faisant des frais, n'ayant du chic et du maintien, ne respectant les lois les plus élémentaires de l'étiquette que vis-à-vis des étrangers et se montrant, dans le privé, sous l'aspect le moins engageant et le moins convenable.

Mademoiselle Paulette et M. Bob, qui ont grandi, qui sont terriblement futés et qui commencent à savoir ce que parler veut dire, très agacés de la contrainte et de la sujétion dans lesquelles on les tient, des sermons qu'on leur prodigue, épient, naturellement, papa et maman et se régalent du spectacle auquel on a eu soin de les convier.

Ils ont saisi des bribes de conversation à faire pâlir M. Zola, qu'ils sont censés ne pas comprendre et qu'ils comprennent, cela va sans dire, tout aussi bien que leurs respectables parents. Ils ont surpris des regards, recueilli des indices ; ils se font des confidences, ils guettent d'autant plus aisément que les gens mariés ne doutent de rien et qu'ils se croient tout permis, sous prétexte que M. le maire a donné son autorisation, et finalement, ils sont au courant, heure par heure, des faits et gestes du couple qui leur a donné le jour ; ils ont surpris tous les secrets de l'alcôve ; ils savent sur le bout du doigt ce qui se passe, où, quand et comment cela se passe ; ils savent aussi quelquefois... qu'il ne se passe rien. Et, alors, vous entendez d'ici les commentaires...

Peu s'en faut qu'on ne puisse leur appliquer le mot effrayant de l'honnête bourgeois réduit, par la rigueur du sort, à n'avoir qu'une seule chambre à coucher et qui, à un camarade lui ayant donné des conseils pratiques sur la façon de rendre ses devoirs à madame son épouse, dit un beau matin :

— Tu sais, j'ai essayé. C'est très amusant. Et puis, ça fait bien rire les enfants !...

Allez donc leur raconter, après cela, qu'on les a trouvés sous un chou !

J'ai connu, de par le monde, une *grande et honneste dame*, appartenant à la crème du *high life* — comme disent les gazettes de la haute gomme — qui avait, régulièrement tous les mois, une migraine si violente qu'elle était obligée de s'aliter.

Dès qu'elle en ressentait les prodromes, elle avait coutume, pour éviter le fâcheux ennui, de convier tous ses amis à la venir voir. On juge si son entourage, y compris son innocente progéniture, était au courant de la cause de son indisposition et mettait, à part soi, les points sur les *i*.

Sa fille aînée, une blonde et espiègle enfant de douze ans, avec qui je causais volontiers et qui s'était un peu attachée à moi, me dit un jour, avec une sérénité parfaite :

— Vous êtes très gentil. Je vous aime

beaucoup et, dans trois semaines, quand maman sera encore malade, je vous écrirai un petit mot pour vous demander de venir.

Shoking!

.˙.

A peine la vierge craintive, élevée dans le calme et l'austérité du foyer domestique — style de concours pour le prix Monthyon — aura-t-elle atteint l'âge où elle pourra inspirer des désirs, que sa tendre et vertueuse mère n'aura plus qu'une idée : la camper au premier imbécile venu, bourré de billets de banque ou agrémenté d'un titre plus ou moins authentique.

La nature, le bon sens, l'honnêteté bien comprise, voudraient qu'on la laissât s'épanouir, qu'on lui permît de marivauder un brin avec qui bon lui semblerait, qu'on ne cherchât pas à influer sur son choix. Mais la famille et les convenances s'y opposent.

On la conduira dans le monde, comme dans la campagne on conduit les génisses à... et là, ouvertement, effrontément, devant toutes les mères nobles et tous les petits crevés de la rigide assemblée, on la jettera à la tête des *bons partis*. On la poussera à leur faire des avances libertines; on lui apprendra à les aguicher, à les exciter, à les compromettre et à se compromettre avec eux. On se livrera autour d'elle, devant elle et devant ses amies, à toutes sortes de manœuvres éhontées ayant pour but avoué, je dirai même affiché, la prostitution autorisée, admise, considérée d'une fille à qui l'on a appris qu'il fallait, avant tout, se conformer à ce que l'on nomme les convenances. C'est le trottoir de « la haute », la *retape* pour le bon motif.

Pendant ce temps, le père, qui s'imagine, le benêt, avoir dissimulé ses fredaines à son fils et qui croit de son devoir de chef de famille de diriger, le moment venu, ses premiers pas dans le vice, lui tient, à mots couverts, des discours grossièrement et brutalement licencieux. Il lui donne des conseils égoïstes et canailles; il prêche contre le sentiment et les attachements sérieux; il s'informe adroitement de ses succès auprès des femmes; il les raconte, en se pavanant, à sa femme et à ses amis ni plus ni moins que s'il y était pour quelque chose et, s'il apprend que son élève s'est conduit comme le dernier des drôles avec une de ses maîtresses, qu'il a fait une crasse infecte à un petit être inoffensif et emballé, il ne se sent pas de joie, il se rengorge de plus belle et il entreprend l'éloge de cet acte héroïque en présence de toute la nichée assemblée.

Chaque fois que Chérubin découche — ce qui arrive régulièrement toutes les nuits — et qu'il rentre à onze heures du matin, monsieur son père, à déjeuner, lui fait des allusions et des plaisanteries qui comblent de joie la valetaille, déjà très renseignée sur les faiblesses de ses maîtres, qui amènent un sourire béat sur les lèvres de la mère — on ne comprend pas pourquoi, par exemple — et qui troublent singulièrement les jeunes filles de la maison, lesquelles rougissent et piquent involontairement le nez dans leur assiette, en attendant qu'elles en fassent des gorges chaudes et qu'elles creusent le sujet en compagnie des bonnes petites camarades...

Neuf fois sur dix, les filles commencent à être perverties par leurs augustes parents, scandalisées par la famille. En liberté, elles

resteraient plus pures et seraient infiniment
moins débraillées.

*
* *

N'oublions pas le chapitre des recomman-
dations maternelles à la veille du mariage.
Ça, c'est un des effets les plus logiques de la
famille, une des traditions les plus outra-
geantes pour la morale, une des pratiques
sociales les plus contre nature, et les plus
platement idiotes qui soient.

Farcir la tête à froid à une jeune personne
ignorante et enthousiaste d'une série de
choses qui, dépouillées de ce qui leur donne
du prestige et de la poésie, ne sont faites
que pour lui inspirer de la répulsion ; initier

une jeune âme à l'amour par les côtés qu'il faudrait pouvoir lui dissimuler et sur lesquels on appuie avec autant d'insistance que de gaucherie, est évidemment le comble de l'imprudence et du matérialisme sauvage.

Aussi quels pitoyables résultats! Il en est de ces tourterelles qui se défendent comme des beaux diables précisément parce qu'on les a prévenues, et qui se seraient fait un véritable plaisir de céder si on ne leur avait pas dit que c'était leur devoir...

— Mais, Thérèse, je vous en supplie. Vous me rendez horriblement malheureux !...

— Non, non, laissez-moi.

— Votre mère ne vous a donc rien dit ?...

— Non, laissez-moi...

Échoué, par hasard, un soir d'automne dans un hôtel à voyages de noces des environs de Paris, il y avait plus d'une heure que j'entendais dans la chambre voisine ce dialogue insipide, lorsque, exaspéré, je criai de toutes mes forces à travers la cloison :

— Mademoiselle Thérèse, si personne ne vous l'a dit, c'est moi qui vous y engage. Laissez-vous... embrasser, que diable, et fichez-moi la paix.

Silence de mort et calme parfait pour le reste de la nuit...

II

LA POLITESSE

II

LA POLITESSE

———

Le comble de l'impertinence et de l'hypocrisie ; l'art de mentir en bonne compagnie ;
le procédé le plus astucieux et le plus perfectionné pour faire avaler des couleuvres à
son prochain et pour distiller lâchement,
sous le couvert de formules et de pratiques
grotesques, dont personne n'est dupe mais
que tout le monde accepte, le venin qui est
au fond de tout être soi-disant civilisé.

S'il est vrai que la parole ait été donnée à l'homme pour déguiser sa pensée, il est encore plus vrai que la politesse a été par lui inventée pour dissimuler ses mauvais instincts, se mettre en règle vis-à-vis d'autrui tout en lui jouant les plus mauvais tours et en recevoir, de son côté, plus qu'il ne lui est dû.

Ce sont les imbéciles, les ennuyeux, les raseurs, les tarés, les vieilles femmes et les laiderons qui ont surtout imaginé cette supercherie conventionnelle, à l'aide de laquelle ils finissent par jouir, dans le monde, des mêmes avantages que les gens agréables et recherchés et qui leur permet de s'imposer insolemment, non sans un certain raffinement d'égoïsme féroce et de cynique despotisme.

Il y a aussi les mauvais coucheurs poltrons qui s'abritent prudemment derrière ce qu'on

est convenu d'appeler le savoir-vivre et qui
en abusent pour aller jusqu'à l'extrême limite
de l'agression et des vilenies permises, sans
courir le risque de recevoir incontinent une
paire de claques.

Le fin du fin de la politesse consiste à dire
en face précisément le contraire de ce que
l'on pense et de ce que l'on dit des autres
derrière leur dos, de traiter les personnes
qu'on déteste comme si on les adorait —
souvent même un peu mieux — celles qu'on
méprise comme si on les estimait, celles que
l'on fuit comme la peste avec les mêmes
égards que si on avait le plus grand plaisir
à les voir, et à se gêner infiniment plus pour
ses ennemis que pour ses amis. C'est la tar-
tuferie érigée en principe et, parfois, le sublime de l'impudence et de la méchanceté.

Peut-on rêver rien de plus agaçant et de
plus odieux, à certains moments, qu'un mon-

sieur et une dame parfaitement *bien élevés ?*
Ces singes savants, merveilleusement dres-
sés à exécuter leurs tours devant l'honorable
société et qui, s'ils suivaient leur instinct,
mettraient les pieds dans tous les plats, vous
donnent une piètre idée de l'humanité. On
se représente involontairement toutes les
incongruités et toutes les vilenies auxquelles
ils se livreraient s'ils étaient abandonnés à
eux-mêmes, tout ce qu'ils font et disent chez
eux après la représentation, pour se dédom-
mager de la contrainte intolérable qu'elle
leur impose, et l'on a des envies folles de
leur crier : *zut !* de les traiter de farceurs et
de fumistes, de leur montrer qu'on n'est
point dupe de leurs grimaces.

Sans compter que le propre de cette engeance, impeccable dans sa correction et
dans ses attitudes mielleuses, est de s'en
targuer, pour offenser, suivant les règles,

quiconque est assez malappris pour se laisser aller à un peu de fantaisie et de franchise et de donner des leçons d'une inconcevable brutalité au tiers et au quart. On ne saura jamais jusqu'à quel point la politesse outrée est un instrument de grossièreté et un moyen aussi perfide que sûr de mortifier implacablement son semblable...

***

Quand une femme, avec laquelle vous n'avez que des relations banales du monde, vous dit : « J'espère bien avoir le plaisir de vous voir chez moi » ; traduisez : « Je te recevrai à mon jour parce que je ne puis pas y échapper ; mais, si tu étais assez niais pour essayer de me rencontrer autrement, tu trouverais la porte hermétiquement close. Mon intimité n'est pas faite pour ton vilain museau. »

« Vous qui avez tant d'esprit », signifie : « Vous êtes assez bête pour le croire et vous ne vous doutez pas que vos prétentions m'ennuient royalement. »

Quand vous dites à un « paquet », à côté de qui on vous a placé à table : « Je suis charmé, madame, que ma bonne étoile m'ait amené auprès de vous », cela signifie : « Que le diable emporte la malchance qui m'accole à ce trumeau au lieu de me donner pour voisine la ravissante blonde d'en face. » Et quand le susdit paquet vous répond la bouche en cœur : « C'est moi, monsieur, qui suis ravie de pouvoir vous accaparer un peu à mon profit », il faut entendre : « Si tu t'imagines que je coupe dans le pont, tu te mets rudement le doigt dans l'œil. Je sais bien, grand dadais, que tu me préfères la poupée maquillée, prétentieuse et sotte qui est à la gauche du maître de la maison ; mais, puisque je te tiens, tu vas être aimable, platement aimable, ou tu diras pourquoi... »

« Vous avez beaucoup de talent », veut dire : « Vous écrivez comme un pédicure et vous feriez mieux de ne pas nous assommer de votre prose ; c'est si facile de ne pas écrire ! Vos chevaux sont décidément les plus beaux de Paris, » est l'équivalent de : « Ce sont deux rosses efflanquées et ridicules dont tout le monde se moque et qui ne sont bonnes qu'à traîner une patache ; lorsqu'on ne peut pas s'offrir de plus beaux équipages, on sort en fiacre. »

« Votre appartement est une merveille d'arrangement et de bon goût » se traduit par : « Quel mobilier de parvenu ! On n'est pas plus rastaquouère !... »

« Quelle jolie toilette vous avez ce soir !

elle vous va à ravir », dans la bouche d'une bonne petite amie, ne veut dire que ceci : « Comme vous êtes fagotée, ma chère; je n'en suis pas fâchée et ce n'est pas avec cette robe-là que vous aurez plus de succès que moi. »

Si, par hasard, une jeune et jolie personne, très élégante, très admirée et très courtisée, comble de prévenances une vieille baderne nauséabonde et insipide, ne croyez pas que ce soit par bonté d'âme et par vénération pour ses cheveux blancs. C'est tout uniment pour se moquer de lui, pour tuer le temps, pour faire des expériences *in anima vili* et bavarder à tort et à travers, sans avoir besoin de mesurer ses paroles, avec un interlocuteur sans conséquence.

On a vu des céladons sur le retour, en proie à une lubricité sénile, donner carrément dans le panneau et pousser la candeur, unie à la malpropreté, jusqu'à prendre pour des avances ce qui n'était qu'urbanité conventionnelle et que jeu permis de grande dame. Témoin ce chétif chancelier d'une ambassade connue qui croyait avoir fait la conquête de l'ambassadrice parce que, pour relever un peu l'humilité de sa condition et s'amuser un brin à ses dépens, elle prétendait, en riant, ne vouloir d'autre partenaire au whist que lui et n'aimer à jouer qu'avec lui...

J'ai remarqué, d'autre part, que les hommes polis, ce qui s'appelle polis, avec les femmes sont toujours des importuns de la pire espèce. J'en ai connu un, dans une ville d'eaux, qui, ayant entrepris ce genre d'obsession vis-à-vis de deux malheureuses envers lesquelles il se croyait tenu à des égards, ne manquait jamais d'aller prendre de leurs nouvelles lorsqu'elles disaient avoir la migraine, et tombait régulièrement chez elles au moment

où elles étaient en conversation criminelle
avec leur amoureux... Comme c'est gai !...

* *

Et les invitations ! y a-t-il quelque chose
de plus faux, de plus déplacé, de plus horripilant et de plus inepte ?

Si on vous engage à un bal ou à une soirée,
ce n'est point pour vous être agréable, mais
pour vous faire servir au relief, à la considération et au chic que l'on a en vue de se
donner ; pour faire de vous un obligé, un
visiteur et un courtisan en quelque sorte
forcé. Et si vous y allez, ce n'est pas non
plus, les trois quarts du temps, pour vous
amuser ; c'est pour être *poli*, pour vous
montrer dans tel ou tel salon recherché et

envié, pour avoir l'air d'un monsieur très lancé.

Vous invite-t-on à dîner avec des radoteurs et des emplâtres que vous passez votre vie à éviter et dont vous redoutez la compagnie au delà de tout? Vous voilà contraint, en remerciement de cette corvée que l'on vous a cyniquement infligée, de faire une visite de digestion, d'envoyer des bonbons au Jour de l'An et de *rendre la politesse* par-dessus le marché.

Il vous faut, par politesse, avaler des concerts endormants et énervants à crier ; applaudir des comédiens de société que vous trouvez détestables et que vous voudriez voir à tous les diables ; subir le monologuiste amateur et complimenter, le sourire sur les lèvres, la jeune fille de la maison qui vient d'écorcher indignement du Beethoven ou du Mozart, trouver bon tout ce qui est mauvais, affirmer que vous avez frais quand vous mourez de chaleur, et vous extasier sur le charme et la beauté de la petite fête alors que vous en avez cent pieds par-dessus la tête et que vous n'aurez rien de plus pressé, en sortant, que de crier sur les toits qu'elle était infecte.

Bien heureux encore si l'amphitryon vous laisse filer quand décidément vous n'en pouvez plus, et si vous n'avez pas affaire à un monsieur et à une dame extrêmement polis qui vous retiennent par le pan de votre habit au moment où vous vous apprêtez à sortir de cet enfer.

Les visites, c'est pis encore. On n'a rien trouvé de mieux pour recevoir perpétuellement les indifférents et les fâcheux et pour ne jamais voir ses amis ; pour vivre avec les gens que l'on déteste et se priver des gens que l'on préfère ; pour se créer bénévolement des devoirs stupides et s'empoisonner l'existence.

Les visites que l'on vous fait, il faut les rendre. Celles que l'on fait, on vous les rend. Et, de part et d'autre, on ne se dérange qu'en maugréant, en rechignant, en maudissant les fatales convenances, en apportant dans l'accomplissement de cette cérémonie funèbre une figure d'enterrement; en débitant des phrases de convention à faire frémir Calino lui-même, en se regardant de travers et ayant une attitude qui, ne laissant planer aucun doute sur les sentiments intimes et les dispositions de chacun, est, en somme, la plus parfaite expression de l'hostilité, de la haine sauvage et de la sottise...

•

Pour ce qui est des préséances et des nuances que l'on affecte d'observer dans le monde, elles ne sont, le plus souvent, que le dernier mot de l'insolence et de la malhonnêteté.

Donner, par exemple, la place d'honneur à une femme, sous prétexte qu'elle a quelques années de plus que les autres invitées, est, sans contredit, la plus cruelle injure qu'on puisse lui faire, et il y a gros à parier qu'elle ne vous la pardonnera jamais.

Je n'imagine pas non plus que l'on comble de joie les hommes d'un certain âge quand on leur donne le pas sur les plus jeunes, uniquement à cause de leur ancienneté. J'ai vu,

un soir, deux septuagénaires qui, au moment
d'entrer dans la salle à manger, refusaient
obstinément de passer l'un devant l'autre.
Et, comme un jeune seigneur, qui se trouvait auprès d'eux, s'effaçait respectueusement pour leur laisser le champ libre :

— Oh! je ne fais aucune difficulté de
passer devant vous, lui dit le moins âgé des
deux. Mais, devant ce vieux-là, jamais! —
Il a au moins six mois de plus que moi.

Usage insupportable, au total, que celui
des préséances. En ne les observant pas, on
froisse et on exaspère les uns. En les observant, on risque d'humilier et d'ennuyer les
autres. Il se peut que ce soit la quintessence
de la civilisation. J'avoue, quant à moi, que
j'ai le mauvais goût de n'en pas apprécier
le charme. Essayez donc de persuader aux
Indiens de Buffalo-Bill de s'y soumettre, et
vous verrez quel nez ils feront!...

III

LA GALANTERIE

III

LA GALANTERIE

Quelle sinistre plaisanterie que cette invention du moyen âge, ce truc, traîtreusement imaginé par les *preux chevaliers*, et singulièrement perfectionné par leurs descendants pour aplatir et anni-hiler la femme, sous couleur de l'honorer et de la relever !

Grâce à cette supercherie, aussi machiavélique que} canaille, nous sommes parvenus, nous malins, à endormir le beau sexe sous des fleurs, à lui retirer sa place au soleil de l'existence, à le réduire à une condition d'infériorité absolue, à lui infliger la constante humiliation de notre suprématie et de notre despotisme, à lui persuader que la faiblesse et l'effacement étaient les plus beaux fleurons de sa couronne, la sauvegarde la plus sûre de son influence et qu'il n'avait rien de mieux à faire que de se laisser enguir-lander, combler d'égards, de prévenances et de flatteries hypocrites, qu'on ne lui pro-digue que dans un but intéressé, au prix de sa dignité et de son intervention dans les choses essentielles.

Ce petit être fin et délié, plus retors et plus résistant, à lui tout seul, sous sa frêle enveloppe, que tous les enfonceurs de portes ouvertes de l'autre sexe, qui supporte sans broncher, et même avec une certaine satisfaction, les fadaises et les attentions imbéciles et stéréotypées d'un gros lourdaud, qui, quatre-vingt-dix-neuf fois sur cent, n'est ni spirituel, ni inventif, ni... tentant, me fait l'effet, quant à moi, d'une chatte qui se laisserait hypnotiser par un bœuf. C'est le *nec plus ultra* du ridicule et de l'invraisemblable.

Remarquez que ce que l'on appelle être galant n'est, le plus souvent, qu'une lâcheté arrachée par nos vices à nos instincts d'égoïsme et de sans-gêne, une malice cousue de fil blanc pour arriver à satisfaire le prurit grossier et impérieux de luxure qui est la caractéristique du mâle, un moyen de nous monter l'imagination et de rehausser à nos propres yeux l'objet de nos éternelles convoitises, une preuve palpable et indéniable du peu d'empire que nous avons sur nous-mêmes et du besoin humiliant que nous avons des femmes, tandis qu'elles savent si bien se passer de nous ; — au total, une suprême inconvenance...

A la place de ces dames, je ne couperais pas dans le pont et j'enverrais la galanterie à tous les diables. Je me révolterais carrément à l'idée d'être traitée en petite fille que l'on débauche avec des confitures, et je ne voudrais, sous aucun prétexte, me laisser niaisement exploiter à l'aide de flagorneries dont le jeu ne vaut pas la chandelle, qui ne trompent plus personne depuis longtemps et qui, sous les dehors d'un respect de pacotille, ne sont, en définitive, que l'expression du parfait mépris.

Mais voilà, elles s'imaginent que c'est un hommage rendu à leurs charmes et elles se moquent du reste comme de l'an quarante. La galanterie, qui est née de l'émancipation de la femme — une jolie bourde entre parenthèses — facilite et propage cette adorable distraction que les moralistes, amateurs de gros mots, appellent pompeusement l'adultère. C'est pourquoi la plus agréable moitié du genre humain tient par-dessus tout à être émancipée; dût-elle, pour cela, être trompée à la journée et à l'heure.

— La femme régénérée et affranchie par le christianisme, c'est très beau, très poétique, en théorie, a dit un de nos bons sceptiques; mais, en fait, elle n'arrête pas de cascader... Horrible !

Nul doute qu'en général, lorsque vous adressez à une jolie personne un compliment bien tourné, plus ou moins tiré par les cheveux et qui, la moitié du temps, n'est pas sincère, vous avez une immonde arrière-pensée et que vous espérez par cette platitude vous concilier ses bonnes grâces. Elle le sait, la jolie personne; elle ne prend nullement le change sur vos intentions, elle voit très bien où vous voulez en venir; et, néanmoins, elle boit du lait, elle esquisse son plus gracieux sourire; et, qu'elle ait ou non le propos délibéré de vous rendre la main et de vous encourager dans vos coupables desseins, elle accueille votre coup d'encensoir avec une bienveillance non dissimulée, elle le trouve naturel et amusant. N'est-ce pas le dernier mot de l'indécence de part et d'autre ?...

Lorsque vous vous précipitez, sans en avoir la moindre envie, pour ramasser le mouchoir ou l'éventail tombé à terre d'une beauté distraite et dédaigneuse, c'est évidemment pour attirer son attention, pour paraître empressé, pour vous distinguer de la foule de ses admirateurs. Et quand, n'ayant qu'à étendre la main pour ressaisir elle-même l'objet qui vient de lui échapper, elle vous laisse vous mettre à quatre pattes devant tout le monde et vous rendre ridicule, croyez-vous que ce soit pour autre chose que pour affirmer, du même coup, son pouvoir et votre servitude, pour constater, à la barbe de la galerie, que vous êtes son très humble serviteur, qu'elle peut faire de vous tout ce qu'elle veut et pour se récréer un instant sur votre dos ?... Extrême jobardise et obscénité sauvage d'un côté, abus de force et exploitation effrontée des appétits charnels de l'autre. Et comme vous lui ferez chèrement payer son triomphe passager et son impassible méchanceté, si jamais vous devenez, à votre tour, son... maître !

C'est beau, la civilisation !

Offrez-vous à une belle dame, qui se trouve, par hasard, seule dans le monde, de la reconduire en voiture chez elle, vous n'oseriez pas jurer, n'est-ce pas? que c'est par pur dévouement et que vous n'espérez pas, tôt au tard, en tirer quelque profit : avancer, grâce à ce tête-à-tête, dans son intimité, acquérir des titres tout au moins à son amabilité et peut-être... qui sait?... Il y a tant d'imprévu avec les femmes!

D'ailleurs, si elle accepte, elle s'expose, jusqu'à un certain point, à ce que vous deveniez entreprenant, ne fût-ce qu'en paroles, et, vu l'incommensurable et grotesque fatuité des hommes, elle peut vous donner à penser, en tout cas, qu'elle vous accorde une préférence et que vous n'êtes pas pour elle le premier venu. Elle ne l'ignore point et elle passe outre, bien résolue, d'ordinaire, à spéculer froidement sur votre empressement intentionnel et à vous fourrer dedans sans scrupule. C'est à qui flouera l'autre on ne peut plus lestement et galamment...

Si, au contraire, vous l'accompagnez à pied jusqu'à sa porte, ce qui est la chose la plus naturelle et la plus décente du monde, la pseudo-galanterie vous faisant presque un devoir de lui offrir votre bras, qu'elle se croit tenue d'accepter, vous profitez de cette familiarité burlesque, qui, par elle-même vous assomme, pour presser discrètement le susdit bras, tâcher de l'attirer doucement vers vous, tenir, à mots couverts, les plus tendres propos et vous conduire avec elle, sans qu'elle en soit aucunement complice et que vous couriez le moindre risque d'être rembarré, comme le dernier des polissons...

Notez que, si quelqu'un vous rencontre dans cette posture à une heure avancée de la nuit, vous avez l'air d'être en bonne fortune et vous faites passer votre compagne, que vous voyez peut-être pour la première et la dernière fois de votre vie, pour votre maîtresse. Rien que ça !

Quand vous abordez une femme de votre connaissance dans la rue — ce dont vous vous passeriez parfaitement — pour lui marquer votre empressement et lui débiter des fadaises, vous la gênez souvent horriblement et vous l'ennuyez presque toujours.

Les Anglais, en gens pratiques, ne s'attardant pas aux bagatelles de la galanterie, ont établi en principe que, non seulement on ne doit pas accoster au dehors une personne du sexe ennemi, mais encore que l'on doit attendre, pour la saluer, qu'elle vous y ait autorisé par un signe de tête ou un salut préventif; voulant indiquer, par là, que toute femme qui circule seule est censée avoir de bonnes raisons pour ne pas vouloir être reconnue, et qu'il serait on ne peut plus stupide et malhonnête de l'embarrasser et de la contrarier, sous prétexte d'amabilité.

A la bonne heure !

Ce que l'on appelle, en langage de salon, *faire sa cour aux dames*, c'est tout crûment *leur proposer la botte*. C'est toujours à cela qu'on arrive après les préliminaires gradués, entrepris et acceptés de mauvaise foi et qui trahissent, dès le premier mot, le but bestialement précis que l'on se propose.

Quand une femme se laisse faire la cour, c'est-à-dire qu'elle permet qu'on lui dise, en termes voilés et *de bonne compagnie*, toutes sortes de turpitudes qui signifient, clair comme le jour, que son interlocuteur convoite ses charmes, elle sait parfaitement ce qui est au bout. Si elle compte se dérober au moment psychologique, elle est donc sottement vaniteuse et froidement dévergondée.

Si elle a l'intention de céder, à quoi bon
toutes ces puérilités inconvenantes et insipides, dont personne n'est dupe, qui enlèvent
du prix, de la franchise et de l'agrément au
don de sa personne et qui appellent fort inutilement les réflexions et les quolibets de la
galerie ?

Entre nous, ne vaudrait-il pas mieux être
carré et véridique des deux côtés, ne point
s'abaisser à des mesquineries qui gaspillent
mal à propos un temps précieux et savoir
dès le début sur quoi l'on peut compter ?

Si nous n'étions pas corrompus jusqu'aux
moelles et civilisés jusqu'à l'impuissance,
nous n'aurions aucun besoin de ces comédies
scandaleuses. Nous exposerions avec simplicité, naturel et conviction notre petite
affaire ; nous demanderions, gentiment,
mais sans périphrases, ce que nous désirons
et, si on nous répondait : *Complet*, eh bien,

nous nous adresserions ailleurs, sans mur-
mures ni regrets. Au moins n'aurions-nous
pas mis notre esprit à la torture et nos sens
au supplice pour amuser nos bons amis à nos
dépens, pour choquer les gens vertueux et
pour prêter à rire au doux objet de nos assi-
duités platoniques...

Pour ce qui est du jeu innocent et endor-
mant qu'on nomme le *flirt,* qui nous vient
d'Amérique et qui a dû lui venir de la Cha-
pelle Sixtine, c'est un divertissement de gardiens du sérail et d'hystériques, encore plus
inepte qu'immoral. Se trémousser perpétuellement sans aboutir et en sachant d'a-
vance qu'on n'aboutira jamais, est une besogne ingrate et énervante à laquelle les
êtres sains de corps et d'esprit sont complè-
tement réfractaires. Ceux qui s'y livrent
étalent, sans vergogne, leur... incapacité!

*
* *

Et les cadeaux — parfois d'un prix élevé —
que les hommes font aux femmes et qu'elles
se sont mises à accepter sans le moindre embarras ! Et l'usage saugrenu en vertu duquel
il est admis, une fois pour toutes, que l'on
paie partout pour ces dames et qu'elles n'ont
pas à délier les cordons de leur bourse !
Croit-on que ce soit autre chose qu'une
forme permise et tolérée de la prostitution,
une manière indirecte de se faire effrontément entretenir, une suprême indélicatesse ?...

Les hétaïres en sont suffoquées. Et elles
ont raison, les hétaïres. En quoi consiste
donc la différence, alors ?... J'en ai connu

une du meilleur monde, comme disent les journalistes de la *haute*, qui s'arrangeait pour aller à toutes les parties sans son mari, afin qu'on payât pour elle, et qui s'amusait ainsi d'un bout de l'année à l'autre comme une petite folle sans qu'il lui en coûtât un traître sou...

Après cela, il faut tirer l'échelle...

IV

LA MORALE

IV

LA MORALE

———

Quand on pense, pourtant, que les modernes Pharisiens ont voulu lapider ce pauvre Nisard parce qu'il a, un jour, insinué timidement qu'il y avait deux morales !...

Ce n'est pas deux que la pseudo-civilisation a créées à son usage et qu'elle a mises sur son enseigne, afin de pouvoir impunément tromper le pauvre monde et se livrer, sans aucun risque, à toutes les iniquités imaginables : c'est dix, c'est vingt, c'est cent, c'est une myriade ; c'est autant que l'on compte de classes, de groupes, d'intérêts et de préjugés dans ce qui nous sert de société. Et toutes ces morales sont immorales à donner des nausées ; toutes sont ridicules, idiotes, exaspérantes, contraires à la justice, au sens commun, et l'antipode de l'honnêteté absolue...

La morale des grands n'a rien de commun avec celle des petits ; celle des puissants ne ressemble pas à celle des humbles et des opprimés ; celle des aristocrates diffère essentiellement de celle des bourgeois.

Ce qui est loisible aux uns est interdit aux autres ; ce qui est admis et accepté dans un milieu est conspué dans l'autre ; ce que l'on blâme sévèrement chez le voisin, ce que l'on condamne sans pitié, en affectant des airs pudibonds, lorsqu'on ne s'y croit pas exposé,

on le trouve au fond tout naturel et on ferait
soi-même cent fois pire:

Bref, on a imaginé et on professe, sans
l'ombre de conviction, du reste, un morale conventionnelle et élastique, à l'usage des snobs
et des moutons de Panurge, à l'ombre de
laquelle les malins se vautrent impunément
dans toutes les turpitudes. Elle peut se résu-
mer, cette morale, dans le profond axiome
du calchas de la *Belle Hélène*, ainsi conçu,
comme on sait: « Ce qui fait le scandale,
ce n'est pas de tricher, c'est de se faire pin-
cer! »

Délicieux !...

Et si vous aimez les définitions qui, habituellement, ne définissent rien du tout, en
voici une qui en vaut une autre :

*La morale, telle que le monde civilisé la
comprend et la pratique, est l'art de faire
tout le mal possible à son prochain et tout*

le bien possible à soi-même sans encourir le mépris public et les poursuites devant les tribunaux.

Toujours faire aux autres ce que l'on ne voudrait pas qu'ils vous fissent.

Tel est le précepte fondamental de l'Évangile humain. Ne pas franchir les bornes de ce qui est admis et considéré comme acceptable par les gens de votre sorte : tout est là. Que vous soyez, en dehors de cela, la dernière des fripouilles, peu importe. Mais si vous avez le malheur de donner le plus petit croc-en-jambe aux préceptes conventionnels, fussiez-vous un saint du Paradis, il n'y aura pas assez de cordes pour vous pendre, ni de gros mots pour vous flétrir.

*
* *

Quelle mauvaise farce que la morale des gens du monde ! Elle ne se donne même pas la peine de cacher son jeu, de mettre un masque, de dissimuler la conviction, de s'abriter derrière les principes. Elle est carrément, effrontément, stupidement égoïste, intéressée et sceptique.

Je ne connais rien de plus bouffon, que ces accès intermittents de fausse vertu que prennent subitement certaines personnes à propos des peccadilles d'autrui ; et j'avoue que, quand je vois des péronnelles, qui ne se sont jamais privées de rien, jeter la pierre à des malheureuses dont le crime consiste à n'avoir pu dissimuler suffisamment, ou des drôles capables de tout monter sur leurs grands chevaux pour abîmer, sous les plus futiles prétextes, des victimes, souvent innocentes, de la lutte pour la vie, j'ai une prodigieuse envie de les jeter par la fenêtre.

Et quel tissu de contradictions et de bêtises que les maximes adoptées et les jugements portés sur les faits et gestes de chacun! Quelle inégalité choquante dans les arrêts rendus par ce tribunal occulte, draconien, corrompu et imbécile qui s'appelle l'opinion publique!

Voulez-vous des exemples?

Une femme du monde change d'amant comme de corset; au vu et su de l'univers, elle en a trois ou quatre à la fois; personne n'ignore même que l'octroi de ses faveurs n'est pas toujours gratuit, et son chaste époux — un homme bien posé — est fortement soupçonné de s'en douter. On trouve cela parfait ; nul ne songe à lui tourner le dos et, pour peu qu'elle soit élégante, lancée dans ses relations mondaines, elle aura le haut du pavé. N'a-t-elle pas un éditeur responsable, un mari qui *régularise* sa situation ? Et le pavillon couvre la marchandise...

Mais si, d'aventure, une naïve, une sentimentale, une Agnès, égarée dans cette forêt de Bondy qui a nom la *société*, est assez simple et assez mal élevée pour éprouver une passion réelle, exclusive, envahissante, pour pousser le respect de son sentiment et d'elle-même jusqu'à reculer devant le mensonge, devant la trahison, devant l'immonde promiscuité, devant la bassesse et la fange, et pour se donner tout entière à l'homme qu'elle aime, oh ! alors, elle sera vilipendée, conspuée, mise à l'index, et les *honnêtes gens* ne tariront pas de sarcasmes et d'injures sur son inqualifiable conduite. Il est si commode de faire tout ce qui vous passe par la tête, de se livrer aux exercices les plus extravagants sans manquer aux *convenances*, qu'on ne comprend vraiment pas le besoin que l'on peut éprouver de se singulariser !

Autre exemple non moins réjouissant : Un monsieur, peu scrupuleux, se fait *aider* par sa maîtresse ; on le bafoue à juste titre, on l'appelle *Alphonse*, à non moins juste titre, et on cesse de le saluer. Mais qu'un gentleman sans ressources, sans carrière, sans profession, sans occupation, sans moyen quelconque de pourvoir à son propre entretien, se fasse luxueusement et grassement entretenir, en se croisant les bras du matin au soir, par sa femme légitime, on s'incline, on trouve cela parfait. C'est *reçu*, c'est correct et les plus chatouilleux sur le point d’honneur, sont à plat ventre devant lui...

Une femme mariée, qui a des devoirs — du moins on le prétend — trompe son mari à l’heure et à la journée, et introduit dans le gynécée de petits citoyens dont elle persuade à son légitime qu’il est le père ; le monde se tait, tolère, accepte et ne voit rien là de bien répréhensible ni de bien vilain.

En revanche, une jeune fiile qui est libre de tout engagement, qui ne doit rien à personne, qui ne trompe personne, qui ne fait, en succombant à la tentation, de mal qu’à elle-même, commet-elle ce que l’on appelle *une faute* (la faute n’existe que lorsqu’il en résulte des preuves vivantes), elle est tarée, montrée au doigt, mise au ban de la société.

Elle le sait si bien, la douce enfant, que, souvent, elle n’attend que le lendemain de son mariage pour donner libre cours à sa fantaisie... J’en connais une très séduisante, très douée, qui, dansant dernièrement avec un cavalier fort empressé, fort galant, en proie à une vive surexcitation et qui, dans le feu de la valse, lui chuchotait à l'oreille : « Oh ! mademoiselle, comme je voudrais passer ainsi toute la nuit avec vous ! » lui fit cette réponse stoïque :

— Attendez que je sois mariée...

On n'est pas plus de son époque et de son monde.

Et cette fière beauté, qui a planté là un mari et cinq enfants et qui donne, dans un hôtel somptueux, des fêtes étourdissantes auxquelles tout Paris court, où l'on coudoie des ambassadeurs, des altesses royales et des douairières collet-monté, croyez-vous que, si elle n'avait pas le sou et si on ne trouvait pas chez elle à se goberger et à s'amuser, on lui épargnerait les éreintements, les humiliations et le mépris ?...

*
* *

C'est qu'il y a une morale pour les riches et une morale pour les pauvres. C'est, qu'aux uns, tout est licite et qu'aux autres, tout est interdit.

Il n'est pas permis de voler cent sous quand on n'a pas de quoi vivre. Mais il est de haut goût de voler cent millions, selon certaines formules et certains usages, quand on nage dans l'opulence et qu'on peut rendre des services aux pudibonds et aux redresseurs de torts.

On n'a pas le droit d'avoir des vices quand on n'est point en mesure de les colorer par le luxe et l'élégance et de fermer la bouche aux grincheux avec des billets de banque.

5.

Mais on peut impunément abandonner sa femme et ses enfants, vivre en concubinage avec sa gouvernante, enlever des femmes mariées, déshonorer des jeunes filles et s'afficher avec des drôlesses quand on mène grand train et qu'on paie suffisamment ses fournisseurs pour qu'ils continuent à vous faire crédit — sans que personne s'inquiète, au demeurant, de savoir d'où vient l'argent. Fortuné, pécunieux, huppé, on est viveur, dandy, homme à bonnes fortunes ; pané, on est crapuleux.

Je n'ai pas l'ombre d'envie de m'y opposer, ce qui serait d'ailleurs bien inutile. Mais, sapristi, alors messeigneurs, quittez ce ton dogmatique ; n'essayez pas de vous faire prendre au sérieux ; flanquez-nous la paix avec votre morale de contrebande et laissez-nous rire à notre aise de vos palinodies à la Basile.

* *
*

Il y a encore la morale des épiciers, qui consiste à payer exactement ses échéances et à fourrer dedans la pratique en lui vendant à faux poids de la marchandise frelatée.

Il y a la morale des avocats, qui s'applique alternativement à faire acquitter les criminels et condamner les innocents. La morale des romanciers qui, sous prétexte de psychologie, distille le venin de l'immoralité la plus dangereuse et vulgarise à plaisir, en les enguirlandant, tous les mauvais instincts. La morale des médecins, qui se résume dans la sérénité avec laquelle ils envoient les patients dans l'autre monde, pourvu que ce soit selon toutes les règles de l'art, sans froisser les susceptibilités d'un confrère influent et sans se mettre à dos la Faculté. La morale des politiciens qui est de n'en avoir d'aucune espèce.

Et puis, il y a la morale de Louis XIV et de madame de Montespan et celle de M. Joseph Prudhomme. La morale de la monarchie et celle de la république. Celle du moyen âge et celle de notre temps.

Enfin, il y a la morale de M. Dumas (le fils) qui nous enseigne que quiconque reçoit les faveurs d'une femme sans les payer en bonnes espèces d'or ou d'argent commet pour le moins une indélicatesse...

Et Dieu sait si elle a fait des prosélytes, celle-là, dans la plus belle moitié du genre humain !...

Quant à la morale de l'avenir ?... Eh bien ! du train dont vont les choses, ce sera le pa-

roxysme de l'insanité et de la bouffonnerie.
Et ce ne sera pas plus insupportable que ce
qui est. Peut-être même sera-ce infiniment
plus drôle.

V

LA PUDEUR

V

LA PUDEUR

En voilà encore une fumisterie, qui ne
rime à rien et que les pontifes de la morale
font semblant de prendre au sérieux, tout
en sachant parfaitement à quoi s'en tenir !

Il faudrait, pourtant, s'entendre sur le
mot et sur la chose ; et c'est ce qu'on a com-
plètement négligé de faire — à dessein évidemment.

Pourquoi une femme peut-elle, sans manquer aux *convenances*, se décolleter jusqu'à la ceinture, tandis qu'il lui est sévèrement interdit de montrer la couleur de ses bas?

Pourquoi est-il admis qu'elle puisse paraître à moitié nue au bal ou aux bains de mer, alors que, dans tout autre lieu et toute autre circonstance, elle ferait crier à l'indécence si elle s'avisait de laisser entrevoir à la galerie la moindre parcelle de ses charmes en dehors de son visage, de ses mains et du bout de son pied? Je défie qui que ce soit de me l'expliquer.

C'est simplement idiot et c'est révoltant d'injustice aussi. Car enfin, quand une infortunée a de jolis mollets, une jambe bien faite et une gorge... déplorable, pourquoi, diable, voulez-vous la forcer à étaler ce qu'elle a de défectueux et à cacher ses avantages?...

Pourquoi la placer arbitrairement dans

une condition d'infériorité vis-à-vis de ses rivales, qui n'ont d'autre mérite et supériorité sur elle que de posséder au nord les séductions que la nature lui a octroyées au sud?

C'est inique, et fort désobligeant pour nous autres pauvres hommes, que l'on induit ainsi bien souvent en erreur et qui ne demanderions pas mieux que d'établir le système des compensations...

Il n'y en a que pour les superficiels et les gloutons, à qui une poitrine opulente suffit, pendant que les raffinés, les malins et les virtuoses d'amour, qui jugent un corps féminin de la hanche à l'orteil et qui savent le prix de tous les trésors renfermés dans cet espace, sont sevrés du plaisir des yeux et réduits à la plus dure des conditions.

Il n'y en a que pour les mondains, coureurs de fêtes et de raouts et pour les inconscients qui couvrent les plages du 1er juillet au 1er octobre. Or je ne vois pas en quoi ces messieurs, parmi lesquels on rencontre beaucoup moins de vrais amateurs qu'on ne l'imagine, sont plus intéressants que les autres.

Ces pimbêches qui, dans le monde, exhibent... tout ce qu'elles peuvent, avec une tranquillité et un aplomb qui frisent l'effronterie, et qui, par contre, prennent des airs effarouchés à la moindre grivoiserie ou jettent les hauts cris lorsque, par hasard, il leur arrive d'être surprises dans un déshabillé galant autrement qu'aux heures et aux endroits convenus, m'ont toujours exaspéré. Elles me font l'impression de cocottes qui ne se déshabillent qu'à bon escient et elles révoltent mes instincts honnêtes par leur façon choquante d'attirer l'attention sur le côté scabreux et croustillant des situations les plus simples et les plus indifférentes.

Pourquoi une femme en corset est-elle inconvenante et ne l'est-elle point en corsage du soir, qui n'en découvre ni plus, ni moins? Pourquoi une femme au lit est-elle moins décente que sur sa chaise longue? Pourquoi relève-t-elle sa robe jusqu'au genou dans la rue, un jour de pluie, pour ne pas se crotter et n'oserait-elle point la relever dans un salon pour remettre sa jarretière? Pourquoi regarde-t-elle, sans sourciller, un tableau représentant du nu, voire la statue d'Antinoüs ou d'Apollon, et se croirait-elle obligée de reculer d'horreur et de dégoût si elle en apercevait autant au naturel!...

Mystère et civilisation!!

.˙.

Bien mieux, ce que les puritains décorent du nom de pudeur n'est pareil ni sous toutes les latitudes ni chez tous les individus, et celle des uns paraît toujours grotesque et incompréhensible à ceux qui en pratiquent une autre. Preuve évidente que le mot est vide de sens.

En Orient, par exemple, ces dames ne considèrent comme impudique que de découvrir leur visage; pourvu qu'elles aient la figure voilée, elles laisseront voir le reste sans le moindre trouble et la moindre hésitation. Il arrive souvent, qu'en se promenant dans la campagne aux environs des villes, on se trouve tout à coup nez à nez avec une bande de jeunes odalisques dans le plus simple appareil, se croyant seules et à l'abri de la curiosité du mâle. Que croyez-vous qu'elles font pour se garantir des regards indiscrets?... Elles relèvent leur chemise par-dessus leur tête, vous tournent dédaigneusement le dos et... vous laissent contempler à votre aise les formes plantureuses de leur arrière-main : l'honneur est sauf.

Qu'on ne leur parle pas de ces effrontées d'Européennes qui se laissent dévisager par le premier venu comme des courtisanes et qui ne se respectent pas assez pour dérober leur physionomie aux convoitises libidineuses du sexe dévergondé!...

Quant à se jeter, la poitrine au vent, dans les bras d'un étranger en prenant les poses les plus abandonnées, sous prétexte de danse, il ne leur en vient même pas l'idée. Elles regarderaient cet acte bizarre comme la dernière des incongruités et elles auraient, fichtre, bien raison.

Pour une sauvage, le signe de la pudeur c'est une simple feuille de vigne. Pour la danseuse, c'est le *tutu*. Pour une horizontale, c'est... le refus de certaines chatteries en sus du menu réglementaire. Pour une femme du monde, c'est un tas de petits détails extérieurs qui n'empêchent rien les stores une fois baissés. Pour une dévote, c'est le parti pris de feindre de dédaigner ses charmes et de les dissimuler à la partie adverse, de ravaler l'amour et ses épanchements sexuels au niveau d'une corvée ennuyeuse et méritoire — soi-disant...

J'ai connu un ménage de cette espèce qui poussait l'austérité jusqu'à inventer des... comment dirai-je?... des... vêtements de nuit, empêchant tout contact inutile et trop voluptueux, permettant tout juste, par des

issues correspondantes habilement ména-
gées, au devoir conjugal de s'accomplir de
la façon la plus incommode et la plus désagréable possible. Et ces gens-là avaient un
rejeton tous les ans !

Quelle pitoyable arlequinade que tout
cela ! En somme, plus l'être humain se rap-
proche de l'état de nature et plus le sentiment de la pudeur, qui n'est, au fond, que le
résultat de la corruption la plus subtile, lui
est inconnu. Chez nous, qui sommes vicieux
et pervertis jusqu'aux os, la pseudo-pudeur
saisit toutes les occasions de s'afficher. Ce
n'est, en résumé, qu'un moyen astucieux de
donner du mystérieux, du piquant et du capiteux à la luxure, de stimuler, par des hors-
d'œuvre aphrodisiaques, nos sens blasés et
énervés. C'est, tout simplement, une excita-
tion à la débauche.

.˙.

Et puis, franchement, nous savons trop ce qu'en vaut l'aune et c'est nous prendre pour des imbéciles que de se figurer qu'on nous fait avaler la pilule.

Il faudrait, pour cela, n'avoir jamais entendu une conversation entre jeunes femmes et, disons-le, même entre jeunes filles. Ah! elles vont bien, les jeunes filles fin de siècle! Il y a des moments où c'est à faire frémir les abonnés du Théâtre-Libre.

La même qui, devant le monde, lorsqu'elle se tient, lorsqu'elle joue la comédie, vous a les yeux baissés, pique son soleil à la plus petite allusion et affecte de ne rien comprendre, se lâche dans le particulier et tient les propos les plus ébouriffants — pas pour les petites camarades que rien n'étonne ni ne blesse et qui lui donnent la réplique le plus naturellement et le plus facilement du monde :

— Il faut avouer que ça finit par être ennuyeux de rester toujours seule... la nuit !

— Mais non. Moi, je ne badinerais pas avec un homme pour cent mille francs.

— Oh ! pour cent mille francs, ma chérie!... Réfléchis bien...

— Ma foi, non. D'ailleurs, ce qui m'ennuie dans le mariage, ce sont les conséquences. Je n'en veux sous aucun prétexte. C'est par trop assommant.

— Il me semble que nous commençons à à avoir très mauvais ton...

Textuel !

Quand elles ne sont pas trop poseuses, quand elles sont en confiance, elles s'en tirent par une naïveté. Elles écoutent sans broncher, elles rient de bon cœur et font ensuite les étonnées, comme celles à qui un jeune seigneur venait de lancer une énormité et qui lui répondit sans se déconcerter :

— Je ne comprends pas ce que vous me dites ; mais c'est ignoble...

Demandez à une femme quelconque ce qui se passe, en chemin de fer, dans le compartiment des dames, ce qui se raconte sans gazer, ce qui se fait sans la moindre gêne, toutes les fois que la plus chaste moitié du genre humain est livrée à elle-même, séparée du sexe ennemi, et vous serez fixé sur la sincérité, le naturel et le sérieux de cette calembredaine horripilante et vaine qui s'appelle la pudeur.

Si encore il n'y avait que les jeunes qui en fussent infestées ! On pourrait le leur pardonner et se rattraper à huis clos des privations momentanées que vous imposent leurs défenses artificielles.

Mais, je t'en moque. Ce sont celles qui ne *marquent plus*, qui sont hors de service qui se montrent les plus forcenées. Chez elles, c'est un truc pour donner le change, pour essayer de nous persuader qu'elles ont encore un sexe et pour faire croire aux candides jouvenceaux qu'elles ont besoin de se protéger contre des assauts que nul ne songe plus à leur donner.

Plus elles sont à l'abri du danger et plus elles affectent de multiplier les barrières physiques et morales qui sont censées les en garantir. Je ne connais rien de plus déplacé et de plus irritant. Et, quand on voit une de ces mijaurées, qui n'ont plus que du vieux parchemin à dissimuler, couvrir, en minaudant, leurs ex-appas ou prendre une expression de physionomie à la fois pleine de sous-entendus égrillards et d'indignation conventionnelle au récit d'une petite anecdote risquée qui ne saurait les atteindre, on est pris d'une formidable démangeaison de leur crier que ce n'est pas la peine.

Faut-il le dire? C'est chez les femmes du peuple que la pudeur choque le moins. Peut-être parce qu'elle est moins factice, moins hypocrite et qu'elle se borne à un strict *minimum*.

Dans cette classe de la société, « le français dans les mots brave l'honnêteté »; on appelle un chat un chat et une horizontale une drôlesse; on s'exprime librement sur tout ce qui, dans la *haute*, est réputé inconvenant et on ne rougit guère pour des paroles.

Mais, par contre, cette fille ou cette femme d'ouvrier, qui dit tout, qui entend tout, qui ne se fait même pas scrupule, le cas échéant, de se livrer à certaines privautés en présence de tiers, aurait honte de se décolleter en public.

Donc la pudeur est une convention pure et simple, une absurdité contre nature, une indécence et une blague. Ce qu'il fallait démontrer.

VI

LA BIENSÉANCE

VI

LA BIENSÉANCE

Je veux désigner par là l'ensemble d'un certain nombre d'usages, de règles inflexibles, adoptées par l'homme réuni en troupeau sous le nom de société et que, prenant la partie pour le tout, on a coutume d'appeler : les convenances.

La bienséance est une casaque que l'on endosse par-dessus ses sentiments, ses opinions et sa nature, qui classe les individus, les distingue, les protège et leur permet de tout oser et de tout faire sous le déguisement voulu et sans manquer aux prescriptions fondamentales du code de la *bonne compagnie.*

Ne pas s'imaginer, surtout, qu'elle consiste, comme on pourrait le croire, à ne pas mettre, dans un salon, les pieds sur la cheminée, à ne pas fourrer ses doigts dans le nez de son voisin, à manger proprement, à se tenir décemment et honnêtement devant le monde, à ne rien faire, en un mot, qui puisse froisser, incommoder ou ennuyer son prochain.

Détails infimes que tout cela et c'est de tout autre chose qu'il s'agit. Ne pas risquer un pas, une démarche, un mouvement, un geste, un regard, ne pas dire un mot sans calculer exactement la signification alambiquée, fantaisiste et imbécile que le monde

leur donnera, sans en mesurer les conséquences sur l'opinion ; tout est là.

Avez-vous de la tenue ? Savez-vous dissimuler vos pensées les plus innocentes, vous
garer comme d'une mauvaise action de la
moindre manifestation pouvant ressembler à
du naturel et de la franchise ? Dans ce cas,
tout vous est permis et vous pouvez, sans
encourir le plus léger blâme, courtiser la
femme de votre ami d'enfance, avoir pour
maîtresse votre pupille ou votre servante,
vous livrer, du soir au matin, à toutes les
cascades les plus extraordinaires.

Mais ne vous avisez point de négliger les
inexorables convenances, de laisser percer
vos impressions, de parler et d'agir comme
vous sentez, sans penser à mal et sans vous
préoccuper de l'interprétation que la foule
idiote peut donner à vos actes ou à vos paroles ; car alors, fussiez-vous une vestale ou

un séraphin, il n'y aura pas de noirceurs dont on ne vous accuse, de vilenies que l'on ne raconte sur vous.

Gardez-vous de cette idée juste pour les simples et les naïfs, mais fausse pour le monde, que les mots n'ont d'autre sen que celui que leur donne le dictionnaire, que les actions ne valent que par elles-mêmes et n'ont d'autre portée que celle qui ressort de la réalité. Pénétrez-vous de cet axiome que, notamment en ce qui concerne les rapports extérieurs des deux sexes, quand vous dites blanc, c'est rose que l'on entend et, quand vous faites gris, c'est bleu que l'on croit voir...

Les convenances, il n'y a que ça. Les convenances de qui et les convenances de quoi, je vous le demande? Puisque, en résumé, elles ne conviennent à personne et qu'elles ennuient royalement tout le monde...

Et y en a-t-il de ces choses insignifiantes qu'il faut éviter, à cause du sens qu'on leur prête on ne sait pourquoi, et de ces choses bêtes auxquelles il faut s'astreindre afin de donner satisfaction à la niaiserie malveillante des sots!

Pour commencer, j'offre en présent un beau merle blanc à celui qui m'expliquera comment il se peut faire qu'une jolie femme ait toute liberté de se promener à pied, en pleine rue ou en pleine promenade, avec un monsieur, tandis qu'elle ferait jaser tout Paris et provoquerait d'interminables potins si elle se montrait en victoria ou en landau avec le même monsieur.

En vertu de quoi, par quel raisonnement baroque, est-il admis que l'on puisse rester des heures entières en tête-à-tête avec une femme dans son salon et qu'il ne lui soit pas permis, sans commettre une inconséquence qui lui ferait le plus grand tort, de passer un quart d'heure seule avec un homme dans une voiture fermée?

En quoi est-elle plus exposée, plus légère, plus coupable, dans le second cas que dans le premier?... Il faut avoir l'esprit bien mal tourné, l'imagination bien dévergondée et une singulière opinion tant de la fragilité du sexe faible que de la grossièreté du sexe fort pour échafauder des polissonneries sur un fait aussi naturel et aussi inoffensif.

Et, pourtant, telle est la force du préjugé, la puissance de la convention et la perversité de l'homme civilisé, que cette innocente situation ne manquera jamais d'éveiller des soupçons érotiques chez les plus indulgents et ne laissera pas que de préoccuper, d'embarrasser, de faire réfléchir, l'imprudente qui s'y sera fourvoyée — fût-elle un dragon de vertu.

Une veuve donne à dîner chez elle à un garçon sans que la plus pointue et la plus rébarbative des mères de l'Église y trouve à redire — il ne manquerait plus que ça! — et elle ne peut aller dîner chez lui, même dans un hôtel rempli de domestiques, même avec d'autres invités, sans s'attirer la réprobation des prudes, sans ameuter contre elle le ban et l'arrière-ban des redresseurs de torts de la *sooociété*. Pourquoi?

Si une jeune femme cause toute une soirée avec un cavalier, uniquement parce qu'elle lui trouve de l'esprit, que sa conversation l'amuse, que sa compagnie lui plait, aussitôt la galerie crie à l'inconvenance et se livre aux commentaires les plus désobligeants. Elle aurait le droit de lui parler entre quatre murs autant qu'elle le voudrait, et elle n'a pas celui de s'entretenir avec lui en public au delà du laps de temps fixé par la plus ridicule et la plus libertine des marottes.

Comme si cela prouvait quelque chose et était le moins du monde une indication de relations incorrectes! Elles savent bien le contraire, celles qui ont un amant, et elles doivent joliment rire en dedans de ce pseudo-rigorisme...

Recevoir un homme à dix heures du soir n'est pas la même chose que de le recevoir à six. Les visites acquièrent une importance gigantesque aux lumières et deviennent soudainement compromettantes — seul à seul s'entend. Si absurde que cela paraisse, il est certain qu'un seigneur qui est convié à un petit rendez-vous de ce genre n'hésite pas à

se croire en bonne fortune et que la tourte-
relle qui adresse l'invitation ne se dissimule
à aucun degré sa portée. Au lieu que, s'il
s'agissait de la journée, il en serait tout autrement, du moins dans les circonstances
ordinaires. Comprends pas...

Vous donnez, madame, carrément et franchement votre bras au premier venu pour
vous faire conduire à table ou à votre voiture,
au spectacle et au bal, où vous vous livrez,
entre nous, à bien d'autres familiarités; et
vous évitez de le donner à qui vous accompagne dans la rue, à moins que vous ne soyez
avec cet heureux mortel dans une étroite
intimité. Encore redouterez-vous d'être vue.
Pourriez-vous me faire l'honneur de me dire
la raison de cette nuance, qui échappe à ma
perspicacité?

.·.

J'avoue que je ne saisis pas davantage les précautions dont on entoure les fiancés, les barrières que l'on élève et que l'on multiplie contre leurs épanchements les plus ingénus et les plus légitimes.

Voilà deux êtres que vous jugez à propos d'accoupler d'une façon que vous préméditez de rendre indissoluble, qui, dans quinze jours, vont... habiter la même chambre, ne plus avoir grand' chose de caché l'un pour l'autre, et vous n'êtes occupés qu'à les séparer, à les empêcher de se voir et de se parler, de se préparer tout doucement aux privautés matrimoniales que je ne pense pas que vous ayez l'intention de leur défendre — sous prétexte que ce ne serait pas convenable de leur laisser la liberté que réclament la nature et le bon sens.

Vous les forcez à se faire sottement et indécemment la cour en votre présence et vous vous amusez de ce spectacle. Il faut entendre les réflexions de la famille sur les regards furtifs de ces malheureux, les quelques mots d'amour ou de galanterie échangés entre eux à la dérobée!... C'est d'un naturalisme et d'une grivoiserie à interloquer la *Goulue*.

Échappent-ils un instant à votre surveillance mortifiante et agaçante, à votre attention d'une insistance libidineuse et parviennent-ils à se réfugier dans une pièce voisine, dont les portes sont, cependant, toutes grandes ouvertes, vite vous leur dépêchez ce que vous nommez un *chaperon*, c'est-à-dire une vieille guenon rébarbative et assommante, horrible à voir, insipide à

écouter, qui se fait une joie féroce de répri-
mer leurs élans et qui leur donne des attaques
de nerfs.

Vous avez donc bien peur qu'ils se...
jettent dans les bras l'un de l'autre jusqu'au
paroxysme final, sans autre forme de procès,
dès que vous aurez tourné la tête? C'est
charmant, en vérité, et on n'est ni plus poétique ni plus vertueux!

Croyez-vous que la représentation hideuse
à laquelle vous les soumettez tous deux, pendant de longues semaines, soit d'un goût
parfait et d'une convenance irréprochable?
Ne voyez-vous pas qu'elle les révolte, qu'elle
les énerve, qu'elle les aplatit avant la lettre
et qu'elle leur donne des envies folles d'étran-
gler leurs belles-mères respectives?

Ne cherchez pas ailleurs l'origine du dis-
crédit de cette honorable corporation. Pour
moi, j'estime que cela seul suffirait pour éloi-

gner à tout jamais de cette suprême inconvenance qui s'appelle le mariage tout, mâle
exempt d'infirmités corporelles et morales.

.*.

Admirable aussi est la bienséance qui réside dans les phrases, dans les propos échangés entre personnes de sexe différent, dans
la manière dont une femme est tenue d'adres-
ser la parole à un homme, et *vice versa.*

Ils se connaissent depuis vingt-cinq ans :
ils vivent dans une familiarité de tous les
jours ; ils ont des liens de toute espèce ; ils...
ont été au mieux ensemble ; et, néanmoins,
elle ne lui adressera la parole qu'en disant :
Monsieur Un tel. Et quand personne n'entend... c'est une autre antienne.

Il y a des quantités de choses qu'une femme honnête (ne pas confondre avec une honnête femme) ne peut dire à un monsieur sans faire supposer qu'elle a des intentions cachées, sans s'exposer à ce qu'il les prenne pour des avances, sans se compromettre plus ou moins. Et ces choses, d'ordinaire, sont en elles-mêmes parfaitement innocentes. Pour rester correct, on finit par être stupide ; et le diable n'y perd rien et les sous-entendus n'ont pas de bornes... C'est idéal.

En résumé, la bienséance est une invention méphistophélique et sotte, qui sert, en ce bas monde, à compliquer, corrompre et enlaidir toutes nos pensées et tous nos actes ; à leur attribuer un sens mauvais, à voir le mal où il n'est pas, à rendre inconvenant ce qui est le plus convenable.

Elle sert aussi de défense et de paravent aux canailles de haut bord et peut se résu-

mer, à cet égard, dans l'aphorisme plein de
désinvolture de ce garnement célèbre, à qui
on adressait des remontrances sur son étonnante et implacable dureté pour les bruyantes
fredaines d'une de ses parentes, et qui répondait tranquillement :

— C'est précisément parce que j'ai beaucoup de choses à me reprocher et à me faire
pardonner que je dois être extrêmement sévère pour les autres.

VII

LA MODESTIE

VII

LA MODESTIE

J'ai eu l'honneur insigne de vivre, pendant un certain temps, dans la familiarité d'un personnage célèbre dans l'Europe entière par ses découvertes et ses travaux scientifiques.

. Savez-vous ce qui m'a dégoûté de lui? Je vous le donne en cent, je vous le donne en mille... Vous ne trouvez pas? eh bien, c'est sa modestie.

Ce scélérat, qui était l'orgueil et la vanité incarnés, se faisait un malin plaisir de vous écraser sans cesse d'une feinte humilité, sans inconvénient pour sa gloire solidement établie ; et tout le monde de l'admirer, de s'exta·sier sur sa simplicité et de redoubler de coups d'encensoir.

Moi, qui connaissais le fond, de son sac, j'étais prodigieusement agacé de le voir cumuler ainsi toutes les supériorités au détriment des simples mortels et je finis par lui dire, un jour, impatienté :

— Vous me la baillez belle avec votre modestie ! Le beau mérite d'être modeste quand personne ne vous croit ! Si je répétais à tout bout de champ que je suis un crétin, on s'empresserait de me prendre au mot et j'en serais pour ma courte honte. Tandis que, vous, cela vous profite et ajoute à votre réputation...

. Il me tourna le dos et je ne le revis plus.

Cet homme n'était pas plus mauvais qu'un autre. Il ne faisait que suivre le courant et exagérer peut-être un peu le vice qu'une société civilisée inflige à tous ceux qui en font partie, et qui consiste à paraître ignorer, afin de les mettre mieux en lumière, les avantages physiques et moraux que l'on peut avoir et que l'on sait, du reste, parfaitement que l'on a.

Ce que le monde veut en exigeant de vous l'hypocrisie à laquelle il a donné le nom de modestie, c'est que vous ne le fassiez pas rager outre mesure, en le lui jetant à la figure, d'un mérite qu'il ne vous pardonne pas. Et ce que vous cherchez, vous, en vous astreignant de mauvaise grâce à cette corvée — car c'en est une — c'est de désarmer les camarades et de captiver leur bienveillance en vous ravalant à leur niveau. Illusion vaine, efforts stériles.

La petite comédie ne trompe personne. Elle se traduit, d'ailleurs, par des formules de convention qui laissent, à chaque instant, percer le bout de l'oreille et elle ne repose, en fin de compte, que sur la plus bête et la plus révoltante des équivoques.

Elle ne sert, en général, qu'à humilier et à anéantir les braves gens qui n'ont pas eu soin de chauffer indirectement leur renommée par une réclame bien sentie, et il y a des cas où elle est la plus insolente et la plus insupportable des prétentions.

Parfois elle devient agressiv , comme, par exemple, quand un Monsieur que vous considérez comme un parfait idiot, vous dit à brûle-pourpoint, dans la conversation : « Les profanes comme vous et moi n'ont pas voix au chapitre dans telle ou telle question spéciale qui échappe à leur compétence. » Et

alors, n'est-il pas vrai? il faut se tenir à
quatre pour la subir sans broncher et pour
ne pas envoyer un paquet de sottises au fâcheux qui, pour étaler sa modestie, vient de
vous mortifier d'autant plus qu'en vous rabais-
sant, il a cru, du même coup, se rehausser
prodigieusement.

*
* *

Et elles sont jolies les simagrées à l'aide
desquelles on manifeste la délicieuse modestie! Vous adresse-t-on un compliment banal
et archimérité? Vous prenez un air benêt,
gauche, emprunté, qui vous rend incontinent
grotesque, quelque intelligent que vous
soyez, et vous répondez par une de ces
phrases toutes faites, généralement aussi

mal tournées que vides de sens qui sont le triomphe de la bonne éducation.

Si vous passez, à juste titre pour avoir beaucoup d'esprit et qu'on vous en fasse, par hasard, la remarque, vous êtes tenu de vous en défendre et de riposter par un lieu commun du genre de celui-ci : *Le peu que j'en ai est celui que je vous emprunte.*

Montez-vous bien à cheval? Êtes-vous fort aux armes, adroit à tous les exercices du corps? Il vous faut soigneusement éviter de le laisser entendre et, quand on parle devant vous de ces agréments, le savoir-vivre le plus élémentaire vous fait un devoir d'insinuer que vous êtes le dernier des maladroits.

Le plus comique est que le sexe masculin est astreint à une plus grande réserve, à un plus complet effacement dans les choses qui touchent aux qualités physiques, au charme

naturel de la personne, lesquelles sont censées n'avoir pour lui aucune importance, que
dans celles ayant trait aux dons moraux, aux
mérites acquis, qui le mettent en évidence et
déterminent son triomphe.

On peut, à la rigueur, tirer vanité et le
montrer, jusqu'à un certain point, de ce
qu'on a la bosse de la musique, de la peinture ou des mathématiques, de ce qu'on est
versé dans l'histoire, l'archéologie ou la
poésie, de ce qu'on a atteint un certain degré
de perfection dans la gymnastique ou le
sport.

Mais, si on a le malheur d'être né bien
fait et séduisant, d'avoir des traits régu-
liers et une tournure distinguée et qu'on
ait l'audace de ne point l'ignorer, on est en
butte à tous les sarcasmes et à toutes les mé-
chancetés.

On vous excuse de brimer le prochain par

l'étalage d'ornements consistants qui l'aplatissent sans miséricorde et on vous en veut mortellement de lui faire sentir, si peu que ce soit, un petit privilège dont il affecte de faire fi. Encore une distinction dont je ne saisis pas le pourquoi...

Il est à noter, au surplus, que, malgré tous les efforts de la société pour imposer la modestie aux humains, elle est tellement contre nature qu'ils ne la pratiquent presque jamais d'une manière absolue. Ils s'arrangent, tout au moins, pour.en être gênés le moins possible ; ils la circonscrivent, la limitent et la dirigent autant qu'il est en leur pouvoir sur les sujets qui les préoccupent le moins, sur les questions où elle a le moins de chance de froisser leur amour-propre et d'être prise au sérieux par le public.

Vous auriez douté du talent de Rossini sur la peinture ou sur le macaroni, qu'il faisait l'une détestable et l'autre fort médiocre, il se serait fâché tout rouge. Tandis qu'il était très modeste sur le chapitre de sa musique.

De même, une femme d'esprit, dont le charme intellectuel est indiscutable, mais qui commence à apercevoir sur ses tempes la ride menaçante, ou sur sa tête le cheveu blanc avertisseur, ne parlera jamais de son moral et ramènera sans cesse la conversation sur sa beauté pour tâcher d'attraper un compliment.

Bien cocasse, la modestie des femmes ! Dites-leur que vous les adorez, elles esquisseront une petite moue qui a l'intention de signifier qu'elles en doutent, mais qui veut dire, en réalité : *Pauvre garçon, comme il souffre !* alors que vous ne souffrez pas du tout, mais là pas du tout.

Par contre, si vous leur affirmez qu'elles sont belles, captivantes, troublantes, irrésistibles, elles se garderont bien de vous contredire ; elles accepteront vos louanges avec un imperturbable aplomb et abonderont même dans votre sens avec une outrecuidance naïve que vous trouverez exquise.

La fatuité du sexe aimable auquel nous devons Sarah Bernhardt est quelque chose d'inimaginable et, quoique nous sachions très bien que, si l'un de nous se permettait d'en montrer le quart, il serait mis en quarantaine, nous ne lui en gardons pas rancune. Étrange !...

Ceux à qui la modestie coûte le plus, qui ont le plus de mal à s'y résoudre et le plus de dommages à en attendre, ce sont les artistes, auteurs dramatiques, compositeurs, gens de lettres, etc. Le moyen de se dissimuler comme la violette quand on n'aspire qu'à la célébrité, qu'on ne travaille que pour la notoriété !

Un animal humain qui, à force de labeur, de manœuvres cérébrales, est parvenu à tirer de son intellect un ouvrage d'une valeur quelconque, est invariablement convaincu qu'il a perpétré un chef-d'œuvre. Il commence par vouloir le persuader aux autres et il finit par le croire lui-même de très bonne foi.

Aussi, lorsque vous l'assurez qu'il est un génie, que sa dernière création est hors de pair et qu'il se croit obligé de vous répliquer : *C'est trop dire, j'ai fait de mon mieux; mais il y a encore bien des lacunes que je tâcherai de combler la prochaine fois*, non seulement il s'imagine qu'il se moque de vous, mais il est à la torture et s'exécute maladroitement.

Chez les plus timides et les plus simples, la modestie se manifeste surtout par le débinage des confrères. La plupart, je m'empresse de le constater, méprisent profondément la fausse humilité et professent l'opinion qu'on n'est jamais mieux loué que par soi-même. De quoi je ne saurais trop les féliciter. Ils sont tellement suffisants, si naïvement pleins d'eux-mêmes, si pénétrés de leur talent et de leur illustration, qu'ils en deviennent agréables.

Je ne le cache pas, j'adore la douce arrogance de ces gaillards-là. Rien ne m'amuse autant que de les faire causer et de suivre dans ses développements leur perpétuel et candide boniment, plus amusant cent fois que les périphrases niaises et tortueuses des bourgeois. C'est en cela particulièrement que je trouve les *travailleurs de la pensée* intéressants.

Et tenez, j'ai rencontré dernièrement un peintre d'une certaine renommée, tout frais débarqué de Rome, où il était allé faire un voyage d'étude et, comme je lui demandais l'impression qu'il en avait rapportée :

— Eh bien, mon cher, c'est magnifique, évidemment. Mais j'ai tout visité et, franchement, je n'ai rien vu qui vaille ma *Femme au singe.*

Un autre — c'était un musicien celui-là — répondait froidement à mes éloges pompeux :

— Oh ! mon Dieu, je crois bien pouvoir dire, sans me flatter, que je suis le premier de ce temps-ci... du siècle peut-être.

N'est-ce pas délicieux ?

Un bon point aussi, pour finir, aux hommes d'État. Ce n'est pas eux, non plus, qu'une modestie oiseuse incommode et dépare. Il serait vraiment difficile de pousser plus loin qu'ils ne le font l'idéale franchise dans l'orgueil et le naturel dans la présomp‑ tion. Je vous défie d'en trouver un qui n'ait pas tout su, tout prévu et qui ne considère son successeur comme un âne bâté.

Qu'en pense l'excellent monsieur de Bis‑ marck?

VIII

LE POINT D'HONNEUR

VIII

LE POINT D'HONNEUR

On pourrait supprimer *le ;* car les trois quarts du temps l'honneur, le vrai, n'y est absolument pour rien.

L'invention assez saugrenue qui consiste à stigmatiser un certain nombre de choses qu'il est facile à un homme bien élevé d'éviter, tandis que l'opinion ferme les yeux sur une foule de vilaines actions, est même souvent l'antipode de ce qui, rationnellement, devrait seul porter un nom singulièrement galvaudé par les badauds.

Le véritable honneur — sans *point* — celui des gens assez peu cultivés pour être simplement honnêtes, devrait résider, sauf meilleur avis, dans la stricte observation de la loi naturelle, qui commande à un brave homme de ne rien entreprendre, de ne rien imaginer de contraire à la loyauté, à la droiture, voire à la délicatesse; qui lui interdit tout ce qui pourrait le faire rougir, non pas seulement devant le monde, mais devant son miroir, en tête-à-tête avec lui-même.

Le point d'honneur, au contraire, tel que l'a forgé la civilisation, se borne à vous imposer de vous montrer farouche et intraitable sur les points de pure convention sociale, qui risqueraient d'entamer votre réputation et de nuire à votre prestige; moyénnant quoi il vous permet de danser une sarabande effrénée et de piétiner effrontément sur le reste...

Il y a des cas où le point d'honneur est cynique. Il y en a d'autres où il est ridicule et absurde. Dans tous, il est incomplet et repose sur des données fausses, mesquines, foncièrement immorales parfois.

Exemples : Vous voyez tous les jours un monsieur, qui a la prétention de passer pour un homme d'honneur, prendre, sans sourciller et sans que personne songe à lui en faire un crime, la femme de son meilleur ami, alors qu'il considérerait, naturellement, comme une infecte canaillerie de lui chiper la moindre parcelle de ce qui lui appartient ou de le tromper en quoi que ce fût — en dehors de cette circonstance particulière — et qu'il serait vilipendé s'il le faisait...

Le plus comique est que, si, au lieu de la femme légitime d'un ami, il s'agit de sa maîtresse, le monsieur se fera un cas de conscience et y regardera à deux fois. Le plus souvent, il s'abstiendra. Il est très mal porté d'enlever une maîtresse à un camarade — probablement, parce qu'il y a plus de chances qu'il s'en aperçoive que si c'était sa tendre moitié!...

Un roublard met adroitement dedans les usuriers, se fait passer pour plus riche qu'il n'est, mène grand train, a cinq cent mille francs de dettes sur le pavé de Paris; on trouve cela tout naturel et on n'a pas un instant la pensée de le *couper*. A peine le critique-t-on. Mais qu'un malheureux, emballé, entraîné par la fièvre du tapis vert sans avoir eu le temps de la réflexion, retarde d'un seul jour le payement d'une dette de jeu, qui doit être acquittée dans les vingt-quatre heures, le voilà perdu, déshonoré, rejeté comme une brebis galeuse.

Quelle mystification!...

Sur quoi repose-t-il au juste, le point d'honneur? Où commence-t-il? Où finit-il? C'est fort difficile à établir, et je mets au défi les plus malins d'en tracer exactement les limites. Il faut se contenter de dire, comme jadis Milher, dans le *Petit Faust*, que c'est :

.... une île escarpée et sans bords.
Quand on n'est plus dedans, c'est qu'on en est dehors.

.˙.

Rien de plus burlesque et de plus renversant que le point d'honneur appliqué à la conduite des hommes vis-à-vis du beau sexe. Il se traduit tantôt par des procédés d'une indignité et d'une brutalité révoltantes, que les gens du monde trouvent tout naturels, tantôt par une abnégation niaise, une générosité que l'on veut faire passer pour chevaleresque et qui n'est qu'une souveraine injus-

tice, une résignation inepte, une colossale
duperie.

Je ne sais plus dans quel vaudeville Ravel
suivant une femme et lui offrant insidieuse-
ment son parapluie, celle-ci lui disait à brûle-
pourpoint, pour se dérober à sa poursuite :

— Monsieur, vous êtes un galant homme!...

— Oui, madame, répondait l'autre de sa
voix nasillarde, galant homme mais canaille
avec les femmes...

Entre nous, c'est là le fait de la majorité
des seigneurs de distinction qui circulent
dans l'espace, et vous savez aussi bien que
moi que l'on peut-être, à la fois, ce que l'on
est convenu d'appeler *galant homme* et canaille avec les femmes...

Employer des subterfuges douteux pour
obtenir les faveurs d'une beauté que l'on convoite, lui donner le change sur les sentiments
que l'on éprouve, bouleverser son existence,

ne pas tenir les promesses qu'on lui a faites, la lâcher ignominieusement sans le moindre égard, ne passe point pour scélérat, — pourvu que l'on ait soin d'observer les formes voulues et de se garer d'un petit nombre de maladresses ou d'imprudences auxquelles une passion vraie serait de nature à vous exposer.

Habituellement même les petites vilenies courantes à l'usage de l'objet aimé, pratiquées avec chic et désinvolture, vous procurent le renom d'un homme à bonnes fortunes et vous donnent un relief énorme. Il n'y a pas jusqu'aux colombes qui en sont les victimes volontaires ou résignées, à qui vous n'apparaissiez entouré d'une auréole éblouissante.

Infinies sont les nuances. S'agit-il d'une femme du monde? Le point d'honneur ne vous astreint qu'à une seule chose : ne pas lui faire quitter son mari. Vous êtes autorisé, d'ailleurs, à l'afficher impudemment, à la compromettre de toutes les façons, par vos démarches, par votre attitude, par votre jalousie, et à la traiter comme une courtisane dont vous seriez l'*amant sérieux*. Il suffit que vous n'en parliez pas et que vous ne vous vantiez point, par des paroles, de votre conquête.

Si c'est à une horizontale que vous avez affaire, le point d'honneur vous oblige purement et simplement à la payer son prix ou, quand elle daigne s'oublier jusqu'au *lapin*, à ne vous cramponner sous aucun prétexte et à ne pas abuser de son temps : *time is money.*

Si c'est à la femme de chambre de votre épouse, vous n'êtes tenu qu'à la mettre à la porte.

D'un autre côté — et c'est ici qu'éclatent la contradiction et l'insanité — il est, généralement, admis qu'un homme bien appris ne doit exercer aucune espèce de représailles sur une personne du sexe aimable, et qu'il est tenu d'avaler sans broncher toutes les crasses qu'il plaira à la douce enfant de lui servir.

Pour rester correct aux yeux des imbéciles et des fumistes, qui ne sont pas, du reste, de bonne foi, il sera forcé de se laisser torturer, bafouer, ridiculiser, traîner sur la claie sans opposer la moindre résistance, sans faire usage des faibles armes qu'on lui a laissées entre les mains.

L'argent aussi — le croirait-on? — a sa manière de point d'honneur, qui, généralement, n'est pas tout à fait non plus l'équivalent de l'honneur.

Celui-là porte surtout, non sur la provenance réelle du *vil métal*, mais sur la façon apparente dont on se le procure et sur l'usage que l'on avoue en faire.

Autrefois, les gentilshommes étaient censés ne pouvoir recevoir d'argent que du roi —ce qui ne les empêchait nullement, d'ailleurs, de s'en faire octroyer, sous une forme ou sous une autre, par leurs fidèles vassaux.

De nos jours, il n'y a plus de rois et les gentilshommes sont devenus de simples *gentlemen* livrés, comme le commun des mortels, à tous les hasards de la lutte pour la vie. « Enrichissez-vous », telle est la devise générale. Elle n'est pas, comme on pourrait le croire à première vue, de l'aimable M. Constans, mais d'un ministre de Louis-Philippe.

Peu importe, les contemporains l'ont trouvée bonne et s'évertuent à la mettre en pratique. Encore faut-il que les purs, ceux qui tiennent à l'estime de leur concierge et à la protection du gouvernement, ne courtisent la fortune que selon certains procédés acceptés — oh! pas plus délicats que d'autres, loin de là! — et ne s'aventurent point dans des bagarres où ils terniraient leur blanche hermine.

Extorquer le pécule d'autrui et faire la fête à ses dépens est licite assurément; qui oserait le nier? Mais, pour ne pas tomber dans le ruisseau, il est indispensable d'opérer en grand, de ne pas se commettre avec la racaille; et tel haut baron de la finance qui ruine froidement des milliers d'individus de complicité avec ses pairs, croirait se déshonorer en s'associant, pour cette besogne, avec plus petit que soi...

Cela fait rêver.

.˙.

Et le duel, cette résultante sauvage, cette conséquence forcée du point d'honneur tel que nous le comprenons; ce *combat sin-gulier en ce sens que deux hommes s'y entr'égorgent, généralement au profit d'un troisième* (recommandé pour la prochaine édition du dictionnaire de l'Académie!!), connaissez-vous une plus vaste absurdité, une plus gigantesque attrape-nigauds?

Se venger d'une offense en se faisant tuer par celui qui vous a offensé est une concep-tion étonnante qui ferait rire aux larmes tout être imparfaitement *civilisé*, et que le super-latif de cette infirmité qui s'appelle le progrès peut seul engendrer. Du moment où l'on ne pratique pas le pardon des injures, la seule solution logique et intelligente serait d'essayer de brûler la cervelle à son ennemi en s'exposant le moins possible...

Mais un comble, c'est le duel conjugal. D'abord, le préjugé baroque en vertu duquel un mari est censément déshonoré par les cabrioles de sa femme dépasse tout ce qu'il est possible d'imaginer en fait d'aliénation mentale.

Comment, voilà un bonhomme qui est le modèle de toutes les vertus domestiques, qui paye exactement ses contributions, et il deviendrait, du jour au lendemain, le dernier des misérables, parce qu'il a convenu à sa chaste compagne de cascader un brin — bien malgré lui, cela va sans dire? Allons donc?

Ensuite, vous m'avouerez qu'il est incompréhensible que l'on expose sa vie et celle de son semblable pour un mal sans remède et pour une créature qui ne vous en saura évidemment aucun gré. Ou on l'aime encore, et alors il est idiot de courir la chance de la laisser sans partage à un rival; ou on ne l'aime plus, et alors il est inutile et niais de dégainer à son sujet.

Je sais bien que de profonds penseurs diront que tout cela est bel et bon, mais que le duel est, après tout, le seul moyen de se faire respecter et que la crainte salutaire d'un coup d'épée est l'unique préservatif contre les velléités des butors qui auraient la fantaisie de vous marcher sur les pieds.

Qu'est-ce que cela prouve? Sinon que l'homme policé et éduqué est un vilain animal et que votre société ressemble, sous bien des rapports, à une caverne de brigands.

IX

LE CHIC

IX

LE CHIC

Nos ancêtres l'appelaient le bel air ; nos aînés l'élégance. Aujourd'hui, on l'appelle le chic. Dernier et vulgaire avatar d'une infirmité de l'esprit humain qui a consisté de tout temps à vouloir se singulariser quand même et à forcer l'attention de la foule imbécile par des excentricités parfaitement creuses, ridicules et niaises aux yeux des gens raisonnables et paisibles.

Jadis, au moins, ce travers insupportable était l'apanage d'une caste fermée qui le rachetait par bien des qualités, par un charme, des arguments, des façons qui lui étaient propres et que ne possédait point le commun des mortels.

Il est certain que, si Lauzun et Fronsac étaient de fieffés chenapans qui, de nos jours, seraient conduits au poste régulièrement deux ou trois fois par semaine et finiraient piteusement en police correctionnelle, sans exciter la moindre sympathie, ils avaient pour eux leur audace, leur naïve distinction, leur charmant esprit, leur incomparable séduction, et que le côté extraordinairement brillant de leur personnalité, joint au prestige de leur naissance et de leur puissance à une époque où la loi n'atteignait que les croquants, était bien fait pour frapper l'imagination.

Mais ce lourdaud épais et mal appris, qui s'est enrichi dans la cassonade, qui devient chic pour les *tompins* parce qu'il se procure à prix d'argent tout ce qui constitue cette sottise qu'on est convenu d'appeler la *grande vie*, et qui serait portier le lendemain s'il venait à perdre ses millions, ne vous donne qu'une formidable envie de rire.

J'en ai connu de ces forçats du *pschuttisme* qui souffraient mort et passion, qui faisaient constamment violence à leurs goûts et à leur tempérament, qui s'astreignaient à un métier abominable pour soutenir leur réputation, qui dépensaient leur dernier sou et qui, passant à peu près inaperçus, vivaient dans la candide persuasion qu'ils produisaient un effet énorme, que tous les regards étaient braqués sur eux...

Un joli crétin, mal tourné, sans aucun attrait, d'origine louche souvent, se met-il,

un beau matin, à mener un certain genre
d'existence, à faire méthodiquement les cinq
ou six choses qui sont réputées d'une élégance suprême, aussitôt il est déclaré chic.

— Mais c'est un idiot, hasarde un grincheux.

— C'est un être assommant, nul, mal
élevé, grotesque, ajoute un autre.

— (*En chœur.*) Oui, mais il a tant de
chic !...

Le monsieur qui a du chic se croit tout
permis. Il étale au grand jour sa médiocrité
et en fait même jabot. Il brime impudemment
les modestes et les simples. Il frise, au besoin, l'indélicatesse ; il brave l'opinion et
trouve des défenseurs chaleureux dans l'innombrable légion des admirateurs stupides
de tout ce qui éblouit et jette de la poudre
aux yeux.

Au fond, la prétention au chic est le comble

de l'insolence, de la vanité mesquine et du mauvais procédé vis-à-vis de son semblable. Et plus elle est enguirlandée de politesse affectée, de formes mielleuses, plus elle est impertinente et intolérable.

Le plus révoltant de l'affaire c'est que les intelligents eux-mêmes, corrompus et amollis par l'habitude de nos étranges mœurs, se soumettent parfois, sans broncher, à cette impertinence, et que, quand on veut se rebiffer, on a l'air d'un Iroquois ou d'un misanthrope dont le mauvais estomac a aigri le caractère...

Bien compliquées et bien gênantes, les manifestations du chic. D'autant qu'elles varient selon les milieux et les points de vue, et que ce qui est regardé comme chic par les uns ne l'est pas par les autres.

La toilette, le train de la maison, le choix des distractions, des promenades, des relations ; la façon de saluer, de parler, de lorgner au spectacle, de manger même, tout cela en fait partie, et aucun détail ne peut être négligé par ceux qui y aspirent.

De l'heure où ils se lèvent à celle où ils se couchent, à tous les instants de la journée, c'est une étude et un travail perpétuels, une comédie incessante, un rôle difficile qui ne laisse point de repos et ne permet pas la moindre distraction. L'empoisonnement de l'existence tout bonnement. Et pourquoi, juste ciel ?... Pour assommer son prochain et rendre les relations impossibles.

Que nous importe, à nous qui sommes de bons vivants préférant le solide au clinquant, que tel ou tel de nos amis s'habille chez Jamet et non chez Balandard, qu'il envoie blanchir son linge en Angleterre, ou qu'il se croie tenu, lorsqu'il nous invite à dîner, de dresser la table à la dernière mode, d'observer minutieusement toutes les règles, souvent fort incommodes, de la haute fashion ?

Un peu de bonne cuisine et de cordialité ferait bien mieux notre affaire ; et il y a des moments où cette pose continuelle et crispante, cette odieuse mise en scène, qui montre à chaque minute le bout de l'oreille, vous inspire un désir fou de mettre les pieds sur la table et de manger avec ses doigts...

Ce qui m'amuse, par exemple, c'est la peine inutile que se donnent bon nombre de benêts pour acquérir une renommée universelle à laquelle ils ne parviennent que partiellement et dans un rayon circonscrit. — A quoi bon, alors ?

Il est, effectivement, assez rare que l'on soit chic pour tout le monde. Pour une bourgeoise, un homme chic est celui qui est membre du Jockey-Club et qui fréquente chez les duchesses. Pour une grande dame, c'est celui qui a un fauteuil aux mardis des Français, une loge à l'Opéra, une maîtresse dans le corps de ballet, deux chevaux de selle à son rang et qui ne fraie, dans la société, qu'avec les coteries en évidence et en vogue. Pour une cocotte, c'est celui qui a beaucoup d'argent et qui le jette par les fenêtres. Pour la vile multitude, c'est celui qui a une écurie de courses et des équipages à sensation.

On est chic, pour ses fournisseurs, quand on leur commande énormément de choses extravagantes, qu'on a chez eux de grosses notes et qu'on les paie ponctuellement. Tandis que, parmi les viveurs, on est chic quand on dépense plus qu'on a, quand on est criblé de dettes, quand on floue ses créanciers pour couvrir d'or une *momentanée* et épater les populations.

∴

Sans compter que le chic des femmes n'est pas précisément le même que celui des hommes, que celui des vieux diffère sensiblement de celui des jeunes, que celui des célibataires est tout autre que celui des gens mariés, etc., etc.

Une femme est chic lorsqu'elle se fait remarquer par le luxe, l'élégance et le bon goût de ses toilettes ; lorsqu'elle a soin de ne jamais faire un pas à pied, dût-elle en devenir anémique, chlorotique, rachitique et autres choses en *ique* qui ne contribuent guère à la rendre appétissante et désirable.

Elle est chic encore lorsqu'elle lâche carrément son intérieur et ses enfants pour passer ses nuits au bal et ses journées en visites ; lorsqu'elle se fait faire la cour publiquement par tous les gommeux qui se trouvent sur son chemin, à la condition, bien entendu, qu'ils soient nombreux, compromettants, futiles, débauchés et qu'elle ne s'attarde à aucun prix à en aimer un pour de bon.

Elle est chic lorsqu'elle traite son mari par-dessous la jambe et qu'elle ne laisse échapper aucune occasion de le ridiculiser et de le mortifier devant des étrangers ; lorsqu'elle dit tout ce qui lui passe par la tête et cherche à ressembler le plus possible à une demoiselle du *Jardin de Paris* ou des *Folies-Bergère* ; lorsqu'elle fait, enfin, tout ce dont elle devrait logiquement s'abstenir, tout ce qui la diminue, la ravale, lui nuit, dans l'opi-nion des vrais mâles.

Il en est de ces insensées qui sont les vic-times de leur monomanie et qui, ne deman-

dant pas mieux que de popoter tranquillement dans leur ménage, croient devoir à leur
considération de se creuser la tête pour en
faire volontairement un enfer.

Témoin madame X..., que vous connaissez
tous, qui, imposant silence à ses préjugés,
à cette seule fin de ne pas déroger, avait pris,
à son corps défendant, un amant, puis un
second, puis un troisième, puis un quatrième,
et qui finit par en être tellement dégoûtée
que, pour s'en débarrasser, elle s'en alla
faire le tour du monde avec son légitime...
On n'a jamais su si cet heureux mortel avait
connu et apprécié toute l'étendue de son bon-
heur.

Chez les individus des deux sexes qui ont
passé l'âge de la gaudriole et des gentil-
lesses, la rage du chic persistante et chro-
nique est un signe non équivoque de ramol-
lissement du cerveau, et la vue d'une vieille

caricature qui continue, en dépit des avertissements de la nature, à vouloir occuper la galerie de sa personne est un des spectacles les plus attristants auxquels on puisse assister.

Elle a, pourtant, une excuse : c'est qu'elle tient lieu à ces déshérités de toutes les jouissances et de toutes les satisfactions envolées. Et c'est, sans doute, pour cela qu'ils s'y cramponnent avec un acharnement et une violence maladives.

Les plus imperceptibles nuances sont, pour eux, des affaires d'Etat. Leur attention est continuellement en éveil de ce côté et la plus minime infraction aux lois rigoureuses du *cant* les met hors d'eux.

La chose est d'autant plus bouffonne et choquante qu'ordinairement ils sont en retard de vingt-cinq ans et qu'ils s'escriment à observer ponctuellement des usages surannés, à se scandaliser pour des écarts auxquels on n'attache plus d'importance depuis long-temps.

Rien n'est drôle comme la stupeur où les plonge ce qu'ils considèrent comme un manquement fondamental au chic. Un prélat qui verrait profaner un ostensoir ne serait pas plus indigné.

Je fus témoin, à ce propos, d'une scène épique entre un vieux beau et son cocher, serviteur blanchi sous le harnois, qui m'est restée dans la mémoire.

En sortant de l'Opéra, le vieux monsieur pourri de chic qui avait devancé, par hasard, son heure habituelle, trouve son automédon fumant tranquillement sa pipe sur son siège :

— Comment, mâtin, s'écrie-t-il, blanc de colère, tu fumes la pipe en m'attendant?

— Dame, monsieur, répond l'autre, à nos âges, s'il fallait encore faire du chic !...

Homme génial, va! On aurait dû te décorer pour ce mot-là.

Ne pas croire, au demeurant, que ce soit seulement dans *la Haute*, dans les régions aristocratiques, qu'on se paie le luxe de prétendre au chic.

Les petits bourgeois, les droguistes, les marchands de parapluies et les coiffeurs ont leur chic à eux, et se piquent, entre eux, d'élégance et de bon ton, ni plus ni moins que les seigneurs les plus cossus et les plus blasonnés.

Seulement, le chic des petites gens ne repose pas sur les mêmes conventions que celui des gros bonnets. Il est beaucoup plus raisonné, plus pratique, plus naturel, et il s'écarte moins du sens commun. Il est, par conséquent, moins tapageur et moins apparent !

A vrai dire, il se rattrape sur les minuties,

sur les susceptibilités et sur les rengaines.
Il est tout aussi tyrannique et plus incom-
modant encore que l'autre. Mais il est un peu
moins blessant et un peu moins irritant,
parce qu'il est infiniment plus sincère et plus
bon enfant.

C'est égal, les moricauds du Jardin d'ac-
climatation se désopileraient la rate s'ils se
doutaient des calembredaines qui nous oc-
cupent!...

X

LA TOILETTE

X

LA TOILETTE

***

Supposez, pour un instant, qu'un habitant de la lune tombe tout à coup au milieu de nous. Quel effet croyez-vous que lui produiraient les nippes aussi étonnantes que variées et absolument destructives de l'harmonie de la nature dont nous jugeons à propos de nous couvrir ?

Ne pensez-vous pas qu'il nous prendrait

pour des fous révoltés contre leurs gardiens et en train de se livrer à une saturnale burlesque ?...

Y a-t-il, à la réflexion, quelque chose de plus insensé, de plus faux, de plus laid, de plus plat, que l'accoutrement des mortels chez les peuples dits civilisés ?

Comparez un peu la captivante et simple beauté d'un marbre antique avec la tournure fagotée d'un Monsieur ou d'une Dame, embarrassés dans des vêtements à la mode, et vous me direz si ce n'est pas une inepte dépravation que de s'alambiquer le cerveau pour ridiculiser à ce point une des plus parfaites parmi les œuvres d'art.

Si encore les deux sexes couvraient leur nudité d'après les mêmes principes ! Si encore les hommes et les femmes, à des nuances près indiquées par leurs attributs respectifs, se drapaient d'une façon analogue!... Mais pourquoi, diable, loger le torse d'un mâle dans un sac, ses jambes dans des fourreaux, et affubler sa gracieuse compagne d'une toilette véritablement extravagante, qui ne fait valoir aucun de ses charmes, qui la transforme en un être conventionnel n'ayant extérieurement plus rien de ce qui constitue son essence et indique son rôle dans l'humanité ?

Pourquoi s'évertuer à différencier par les habits le masculin et le féminin, à établir un contraste artificiel qui résulte bien davantage de la dissemblance des lignes et de la diversité des natures ?

On dirait, ma parole d'honneur, que nous en sommes arrivés à un tel degré de gâtisme et de..... neutralité que nous ne savons plus distinguer, avec nos sens, un genre de l'autre et qu'il nous faut absolument un signe de ralliement factice, une marque de fabrique adoptée par la *civilisation* pour nous y reconnaître.

Pourquoi, dans chaque sexe — sauf les distinctions dans la richesse et le luxe des étoffes résultant de la situation de fortune de chacun — tout le monde n'est-il pas mis de même? Jamais, au grand jamais on ne me le fera entrer dans la tête.

Pourquoi un rentier a-t-il une autre forme de vêtement qu'un prolétaire? Pourquoi une femme du peuple s'attiffe-t-elle tout autrement qu'une grande dame? Pourquoi les gens simples et tranquilles portent-ils des ajustements d'une coupe tout autre que celle en usage chez les copurchics? Pourquoi..... en dépit du proverbe, l'habit fait-il le moine!

Pourquoi s'habille-t-on d'une manière le jour et d'une autre le soir; autrement quand on est en troupe que quand on est seul?

Pourquoi change-t-on radicalement de pelure suivant les époques ; d'une année à l'autre même ?

Pourquoi, enfin, n'a-t-on pas su trouver, une fois pour toutes, une mise seyante et rationnelle, s'écartant le moins possible de la complexion naturelle des individus, et les garantissant contre les intempéries sans les rendre méconnaissables et grotesques ?...

Je soupçonne fortement que la toilette, telle que l'a faite le progrès, est l'œuvre canaille de quelques tortillards, chétifs, rabougris et mal bâtis qui éprouvaient le besoin de dissimuler leurs lacunes sous une couverture informe et vague.

Et la preuve, c'est qu'à mesure que la race s'est abâtardie et a dégénéré, l'enveloppe est devenue plus dissimulatrice et moins semblable à son contenu. A l'heure qu'il est, ce sont les gens tout à fait bien conformés qui, habillés, ont la moins jolie tournure.

L'inconcevable est qu'ils se laissent faire la loi par les autres. On n'est pas plus jobard.

.·.

Peut-on rêver, je vous le demande, quelque chose de plus piteux et de plus déplaisant que le déguisement sous lequel se cache le sexe fort ? Comme si les hommes avaient besoin de s'enlaidir pour faire sauver ces dames qui sont déjà bien assez disposées à se suffire à elles-mêmes !...

Le premier qui s'est adapté une cheminée sur la tête a dû faire pouffer les camarades. On a beau se mettre l'esprit à la torture, on ne parvient pas à saisir la conception subtile d'où est sorti un couvre-chef aussi absurde, aussi incommode que hideux.

Et tout est à l'avenant dans l'uniforme monotone et ennuyeux que portent ces messieurs dans la rue et en plein jour. A coup sûr, lorsque Dieu créa le premier homme à *son image*, ce n'était pas pour qu'il se détériorât plus tard de la sorte et qu'il fît sa propre caricature. Le châtiment du péché originel lui-même, dans la pensée du Créateur, ne devait pas aller jusque-là...

Mais le comble de la stupidité, c'est la tenue de soirée. Couper les basques de sa redingote en *queue de morue*, ce qui vous donne tout simplement l'air d'en avoir laissé la moitié dans une rixe inavouable, et se passer autour du cou un chiffon blanc en guise de parure, c'est une aberration qui révolte le sens commun et jure contre le goût instinctif dont chacun de nous a reçu une dose plus ou moins forte en naissant.

Tout ces bipèdes vêtus de noir à l'unisson comme des croquemorts, pareils de la tête aux pieds, sans une note personnelle, un colifichet quelconque qui les distingue les uns des autres, sont parfaitement insipides et désagréables à contempler.

La variété des silhouettes, l'opposition des tons, ont, de tout temps, en tout lieu, été nécessaires à un tableau quel qu'il soit, et il est horripilant de constater, dans un milieu prétendu raffiné, une ignorance ou une négligence qui ferait bondir d'indignation Robinson Crusoé.

Et dire que les gens ont imaginé de s'astreindre à ce piteux appareil lorsqu'ils s'assemblent pour des cérémonies et des réjouissances publiques !

Veut-on célébrer un succès, inaugurer un monument, réunir les grands corps de l'État,

donner une fête nationale, mettre le peuple
en liesse? Vite on revêt des guenilles d'enterrement. M. Carnot, qui pourrait avoir un
brillant uniforme, à défaut d'un costume
vraiment beau et intelligent, préfère rester
dans son habit noir et passe la revue de sa
fidèle armée dans ce triste équipage.

Ne pousse-t-on pas la démence jusqu'à attacher une idée de respect et de déférence à
la forme des habits et à la disposition du
costume? Sous prétexte de faire honneur
à un grand personnage, on se présente
devant lui en plein midi avec un affreux
sifflet, avec lequel on a l'apparence d'un
quidam qui ne s'est pas déshabillé depuis la
veille.

Orné d'un frac ridicule et indécent, on
est censé respecter énormément son homme.
Vêtu plus convenablement, d'une façon raisonnable et plus agréable à l'œil, on n'a plus

pour lui qu'un profond mépris... Est-ce assez idiot !

Que penser du vêtement intime, empesé, raide, durci jusqu'à ressembler à une cuirasse ? N'est-ce pas une gêne perpétuelle, un empêchement de danser en rond et de manifester à l'improviste ses sentiments les plus violents ?

Le moindre de ses inconvénients est d'obliger le cavalier le plus rustique à se munir en toutes circonstances d'un attirail complet et spécial pour la nuit ; ce qui n'est pas sans donner lieu à des accidents et à des déboires.

Ainsi tenez, dernièrement, un couple de nouveaux mariés quitte Paris le soir même du mariage et s'en va coucher à Fontainebleau, où doit se sanctionner leur union.

On arrive à minuit et demi. On cherche les bagages. Horreur !... Ceux du mari sont

perdus... Que vouliez-vous qu'il fît? Qu'il
mourût?... Eh bien ! non. Il se mit tranquillement... dans le costume sommaire où était
Adam avant d'avoir croqué la fatale pomme,
et il paraît que sa nuit n'en fut pas plus mauvaise pour cela.

La toilette des femmes, j'en conviens, est
infiniment moins vulgaire, moins terne,
moins désobligeante que celle des hommes,
mais elle n'est guère plus logique et plus
sensée, et elle est assurément plus embarras-
sante, j'allais dire torturante.

A force d'emprisonner sa taille dans un
corset, une jolie invention, entre parenthèses, jusqu'à lui donner l'aspect d'une
guêpe, de comprimer ses appas, de voiler
sans discernement certaines parties de son
corps, de dissimuler et de corrompre sa véritable conformation par des combinaisons
aussi savantes que contre nature, on est ar-

rivé à ce magnifique résultat que rien ne ressemble moins à une vraie femme, telle que le bon Dieu l'a faite, qu'une femme habillée.

Aussi ce que le déballage réserve de surprises à la plus vilaine moitié du genre humain est inimaginable. Pour juger d'une beauté, pour se rendre compte de ses avantages et de ses imperfections, il faut établir une équation algébrique et se livrer à des calculs fantastiques. Et encore n'est-on jamais sûr de rien...

C'est délicieux, n'est-ce pas ?

Toutefois, comme, par une bizarrerie que je ne me charge pas d'expliquer, plus elles sont en représentation et soumises à l'étiquette, moins elles sont vêtues, au bal, aux soirées, grâce au décolletage — qui est une anomalie et une sottise du moment que les autres parties de leur personne restent entièrement

difformes — on est un peu mieux renseigné.
Non sans un brin de tricherie tout de même ;
et je gage que l'habitant de la lune aurait
bien du mal à s'habituer à cet usage singu-
lier qui vous asticote sans vous satisfaire.

Mais la jupe, la jupe bête, qui n'est plus
une draperie, qui n'a rien de majestueux ni
de moelleux, qui réduit à néant toute la partie inférieure du corps, qui tient la place
sans rime ni raison, qui encombre tout, qui
traîne partout, qui est un obstacle à tout...
je la trouve plus inexplicable et plus extravagante que le reste.

Pas plus, pourtant, que les chapeaux
actuels. Car il faut être radicalement désé-
quilibrée, quand on est une jolie femme, pour
consentir à se rendre laide et impossible en
se coiffant d'un plateau informe et disproportionné qui cache entièrement les traits de
votre visage, supprime le regard, aveugle les

voisins et vous assimile à un vaste parapluie.

Proposez donc à une Canaque ou à une belle petite quelconque des tribus sauvages qui errent dans les forêts vierges de l'Amérique du Sud, de se prêter à cette détestable plaisanterie, et vous verrez si elle vous enverra promener !

*
* *

Et les costumes professionnels ! Et les amazones ! et la livrée !... Et les masques du mardi gras ! Et toute la kyrielle des insignes des corporations et associations, telles que la franc-maçonnerie et autres bouffonneries enfantines à l'usage des nations très avancées et superlativement civilisées !

Avez-vous jamais réfléchi à la folie douce

d'un magistrat qui, avec le plus grand sérieux du monde, se croit dans l'obligation de se costumer en vieille douairière pour rendre la justice? J'avoue que c'est un spectacle qui me remplit toujours de joie.

Quant aux esclaves du chic, qui se donnent un mal énorme et dépensent beaucoup d'argent pour chamarrer sur toutes les coutures et parer élégamment leurs domestiques, pendant qu'ils sont mis comme des clercs de notaire dans la débine, ils me font l'effet d'infirmes et m'inspirent une profonde pitié.

Ce qui me vexe davantage, c'est la manie des femmes qui montent à cheval de se composer un costume d'hermaphrodite comique, encombrant et dangereux, pour s'asseoir sur leur monture aussi gauchement et aussi peu solidement que possible, au lieu de monter tout bonnement à califourchon ; ce qui leur serait indubitablement plus facile qu'à nous — pour des raisons que l'on devine...

En vérité, je vous le dis : tous ces gens-là feraient bien mieux de se promener nus comme des petits saints Jean. Ce serait moins choquant.

XI

LE TRAVAIL

XI

LE TRAVAIL

———

Pas bêtes du tout, les capitalistes, d'avoir
domestiqué ceux qui ne le sont point par
l'appât d'une rétribution prélevée sur leur
superflu, et de se faire nourrir, habiller,
servir, protéger, défendre, amuser, par le
plus grand nombre, moyennant récompense
honnête qui ne dépasserait jamais les limites
de leur bon plaisir, si quelques prodigues et
quelques vaniteux, empêcheurs de danser

en rond, ne gâtaient pas perpétuellement le
métier!

Mais ce qui m'amuse follement, ce qui me
plonge dans la béatitude et me ravit en
extase, c'est la sérénité et la résignation avec
lesquelles les panés se sont laissé réduire en
esclavage, et l'entrain doublé de roublardise
qu'ils mettent à sacrifier leur temps, leur
intelligence et leur repos à la fainéantise et
aux jouissances des autres...

Ces créatures issues de la même souche,
pétries de la même farine, ayant, à l'origine,
les mêmes appétits et les mêmes besoins, qui
n'ont rien trouvé de mieux que de s'exploiter
mutuellement, sous prétexte d'augmenter
leur bien-être et de vivre plus heureux, sont
pour moi un de ces spectacles que l'on ne
saurait trop recommander aux gens tristes
et moroses, à seule fin de les distraire et de
les égayer malgré eux

Je n'ignore pas que les oisifs qui font la fête sans arrêter et profitent, sans se fatiguer, des efforts des imbéciles qui ont la naïveté de travailler, répandent adroitement le bruit que le travail est une âcre volupté et un plaisir sans rival. C'est assurément très malin.

Le malheur est que c'est un leurre. Car, jusqu'à preuve du contraire, il est parfaitement avéré que la gymnastique éreintante et abrutissante qui s'appelle le travail est un piège grossier, une abominable corvée révoltant tous nos instincts, et que ne peuvent volontairement accepter que les êtres corrompus, pervertis par des passions inavouables et pourris de civilisation.

Essayez donc de l'imposer autrement que par la force à un barbare! Est-ce que les animaux sauvages, par hasard, ont jamais de semblables velléités?... Tenez, les Arabes

ont un dicton qui résume merveilleusement
la situation. Ils disent que les singes sont
des hommes; seulement que, plus roués et
plus intelligents que nous, *ils ne parlent
pas pour qu'on ne les fasse pas travailler*.
Pensée profonde que je recommande aux
méditations des philosophes...

Ce qu'il y a de plus drôle, c'est que l'homme
organisé en société, non content de se soumettre à des besognes ingrates et de se con-
soler en en tirant profit, a eu l'idée baroque
d'afficher sa servitude, de cataloguer et de
classer son humiliant assujettissement en se
collant des étiquettes dans le dos, en inven-
tant des catégories de fatigue auxquelles il
a donné le nom de *professions*.

Il en est même d'aucunes dont il se vante,
dont il se fait gloire — on n'a jamais pu
savoir pourquoi — et dont il se sert impudemment pour ravaler et brimer son sem-

blable, pour se mettre, avec affectation, en évidence et se pavaner devant la vile multitude.

Eh bien, je le confesse, je trouve cela idiot. Pour moi, tout anthropomorphe valide qui se laisse mettre le collier de force et qui consent à endosser le harnais pour traîner une charrette quelconque, est un aliéné et une dupe. J'ai tous les métiers en égal mépris.

*
**

Mais, aux yeux des joyeux farceurs qui les préconisent et qui font semblant de les honorer, ils devraient tous être logés à la même enseigne et traités sur le même pied;

puisque, entre nous, tous ont le même point
de départ et visent au même but...

Tout au plus, si l'on tient à établir des
distinctions, pourraient-elles reposer sur la
façon dont on exerce sa profession. *Il n'y a
point de sots métiers, il n'y a que de sottes
gens*, a dit un paradoxal. Dans le monde,
c'est l'inverse qui arrive. Un métier est censé
être honorable, un autre est réputé ne l'être
point. Une profession passe pour chic et élégante, une autre à côté est regardée comme
vulgaire, bourgeoise, subordonnée et rabais-
sante. Telle occupation salariée rehausse
le prestige d'un personnage, telle autre le
déclasse carrément.

Si encore ces appréciations et ces nuances
procédaient d'une certaine logique et étaient
établies d'après les règles d'un bon sens ap-
proximatif!... Mais comment ne pas s'esclaf-
fer de rire quand on vous raconte, avec le

plus grand sérieux, qu'un monsieur qui vend de l'eau de Cologne ou de l'eau de mélisse des Carmes est moins élégant et moins haut placé dans l'échelle sociale que celui qui, s'intitulant banquier (ne pas confondre avec banquiste ?), vend les actions d'une société de pâtes alimentaires ou de pétrole ?

En vertu de quel raisonnement un avocat, qui trafique d'un cœur léger de son savoir et de son talent, est-il plus homme du monde que l'orfèvre, le manufacturier ou le fabricant de meubles d'art, qui font exactement la même chose ?

Pourquoi un médecin est-il plus considéré qu'un dentiste, un agent de change qu'un changeur, un industriel qu'un commerçant, dans *la même partie*, un agriculteur, qui vend son blé et ses cochons, qu'un confiseur qui vend des marrons glacés ?

Pourquoi, diable, est-on flétri, mal vu,

quand on tient une maison de jeu, sur laquelle on prélève au grand jour des bénéfices très licites après tout, et ne l'est-on pas quand on touche une commission non moins licite sur les opérations de bourse?

Quelle différence y a-t-il, en dehors du titre qui est de pure convention, entre le surintendant de la liste civile d'un souverain et l'intendant d'un grand seigneur? Vous ne saisissez pas?... Ni moi non plus. Et, pourtant, le premier est comblé d'honneurs, criblé de décorations, recherché et choyé dans les salons les plus rébarbatifs, tandis que le second... reste à l'antichambre.

Et les carrières qui dépendent du gouvernement! Comprenez-vous qu'elles soient les plus courues et les plus enviées? Comment, voilà un particulier qui est en état de gagner sa vie librement, tranquillement, souvent d’une manière plus que lucrative, et il n’a rien de plus pressé que d’aliéner son indépendance et sa liberté, de s’enrôler dans une troupe de fonctionnaires (lisez ilotes) conduits à la baguette, de se faire le nègre d’un maître implacable et fantasque : le tout pour un salaire dérisoire. Bien bizarre, vraiment !

Racontez à un Apache, fraîchement débarqué chez le peuple le plus spirituel de l’univers, que ce peuple renferme une quantité innombrable d’individus instruits, vigoureux, bien doués au moral et au physique, assurés, pour la plupart, du lendemain, qui, sans y être forcés, s’arrachent en désespérés les chaînes qui sont destinées à les attacher et à les maintenir sous le joug ; et, si l’Apache en question ne vous éclate pas de rire au nez en vous traitant de fumiste, je m’engage incontinent à partir pour les Grandes-Indes.

Ne vous avisez pas, surtout, d'ajouter qu'une fois enchaînés et pourvus d'un signe distinctif qui les fait reconnaître et les empêche de se sauver, ces malheureux, dans leur folie, se croient en possession du pouvoir, s'imaginent qu'ils sont des privilégiés et des phénix, et le font croire à beaucoup d'autres qui envient leur sort; car, alors, votre interlocuteur ne douterait plus que vous n'ayez l'intention préméditée de vous moquer de lui et prendrait probablement fort mal la plaisanterie.

Notez que, dans la masse des professions instituées soi-disant pour réglementer et favoriser le travail, ce sont précisément celles où l'on travaille le moins qui sont les mieux rétribuées, qui ont le plus de relief et le plus de vogue.

N'est-ce pas désopilant ?...

.·.

Bien réjouissante aussi est la répartition des professions entre les originaux qui jugent à propos de les embrasser.

Vous vous figurez, peut-être, que chacun d’eux est guidé dans son choix par ses aptitudes et se consacre au genre de travail auquel il est le mieux préparé, qu’il a le plus de chances de bien faire, qui lui coûte le moins à entreprendre et à mener à bonne fin.

Cela devrait être, à coup sûr ; mais c’est justement pour cette raison que cela n’est pas. Les considérations ci-dessus — frémissez, âmes candides ; voilez-vous la face, défenseurs prudhommesques du pseudoordre social — ne pèsent d'aucun poids dans la balance et n'entrent point en ligne de compte.

On prend un état plutôt qu'un autre parce qu'il n'est pas celui de votre père, parce que vos parents s'y opposent avec acharnement, parce qu'il vous sort de votre milieu qui vous ennuie, parce que votre cousin et vos amis en ont un qui vous paraît médiocre et que vous voulez les dépasser, parce qu'on a dans l'idée qu'il vous procurera des satisfactions d'amour-propre et de l'argent à satiété sans vous donner la moindre peine, parce que le hasard l'a mis sur votre bon chemin; enfin, pour toutes sortes de motifs, excepté le bon et le raisonnable.

Bref, neuf fois sur dix, on laisse de côté ce pour quoi on était né et on fait exactement le contraire de ce dont on est capable. Ne vaudrait-il pas mieux rester tranquille et se vautrer dans l'abjecte inutilité ? Ne serait-ce pas infiniment moins préjudiciable à soi-même et aux autres ?...

Admirez le merveilleux ordonnancement de votre précieuse société, en vertu duquel on fait un peintre d'un serrurier de naissance, un financier d'un musicien, un diplomate d'un épicier, un jurisconsulte d'un romancier, un industriel d'un artiste, un avoué d'un poète, un journaliste d'un chirurgien, un professeur de philosophie d'un acteur comique, un député ou un ministre d'un propre à rien...

Et dire que, du haut en bas de l'échelle, d'un bout à l'autre du monde civilisé, c'est toujours la même sinistre plaisanterie !

Les malfaiteurs, que leur nature perverse et cette sottise que l'on nomme l'éducation ont poussés à *s'occuper* quand même et à choisir, par-dessus le marché, des occupations auxquelles ils sont totalement impropres, emploieraient à quelque chose d'utile la centième partie des forces qu'ils prostituent de la sorte, que l'humanité, vraisemblablement, sortirait de l'océan de bêtises et d'absurdes contradictions dans lequel elle patauge.

A quoi bon le taire? Je suis poursuivi depuis longtemps de l'idée fixe d'écrire un livre intitulé modestement : DE L'ART DE CIRER LES BOTTES, dans lequel j'inscrirais les noms et la biographie de tous ceux qui feraient mieux de cirer des bottes que de faire ce qu'ils font.

Ce serait un immense in-folio. Voilà pourquoi je n'ai pas encore donné suite à mon projet.

.*.

En attendant, ce qui me fait rêver, c'est l'énigmatique et terrifiante corporation des domestiques ! Cette engeance me déconcerte et me rend atrocement perplexe. Plus j'y réfléchis, et moins je parviens à faire entrer dans mon entendement le mobile auquel peut bien obéir le détraqué qui, de gaieté de cœur, entre au service de son voisin.

Subir les rebuffades d'un monsieur qui rentre chez lui après avoir sauté au baccara ou s'être disputé avec sa maîtresse ; le voir en déshabillé quand il croit n'avoir plus rien à ménager ; recevoir continuellement le contre-coup de ses vices et de ses mesquineries ; assister silencieusement et dans une

attitude respectueuse aux repas et aux conversations de ses maîtres ; écouter sans broncher toutes les balourdises qu'ils débitent ;
être assujetti à leurs caprices, à leur inégalité d'humeur, à leur mauvais estomac, à
leur avarice, à leur ignorance et à leur stupidité : tout cela est tellement odieux et
exaspérant, tellement au-dessus des forces
et de la résignation du commun des mortels,
que ceux qui s'y soummettent doivent être
des phénomènes surnaturels.

A moins qu'ils ne soient des psychologues
fanatiques, des anatomistes enragés, se sa-
crifiant par amour de l'art et ne reculant devant rien pour pénétrer dans les profondeurs
de l'âme humaine, pour étudier sur le vif les
difformités secrètes de la race...

Ou bien encore des habiles et des cyniques
prodigieusement débrouillards, qui vivent
aux dépens des naïfs auxquels ils persuadent

qu'ils les servent, tandis que, en réalité, ils les dominent, les surveillent, les tiennent par tous les bouts et les font servir, sans qu'ils s'en doutent, à leur propre agrément.

Il est certain que tout domestique intelligent est le maître de son *maître*. Il n'y a que les jocrisses et les niais qui soient réellement des serviteurs. J'en ai eu un si colossalement borné qu'un jour où je lui dis :

— Baptiste, allez me chercher un fiacre, mais un fiacre *numéro un*...

Il resta une heure dehors et revint tout essoufflé et tout penaud, en balbutiant pour s'excuser de sa longue absence :

— Monsieur, j'ai couru partout et je n'ai pu trouver que le numéro deux !...

Je l'ai gardé quinze ans !

XII

DE QUELQUES USAGES

XII

DE QUELQUES USAGES

L'idée de manifester sa douleur par la couleur des étoffes dont on se couvre le corps m'a toujours semblé éminemment ridicule. Le deuil, quand on y réfléchit, est une sottise hypocrite, qui n'a pu germer que sur un terrain épuisé par la civilisation.

Parlez-moi des Juifs, ces primitifs qui, lorsqu'ils perdent un de leurs proches, s'enferment sur un tas de cendres dans le coin le

plus reculé de leur maison, jeûnent, gé-
missent, ne voient âme qui vive et donnent
les signes les plus effrayants de désespoir.

Mais se vêtir de noir, sans rien changer à
son existence — ou si peu que cela ne compte
pas — pour faire des visites, en recevoir,
parler de la pluie et du beau temps, raconter
des gaudrioles, dîner en ville et, au besoin,
aller au bal, est le dernier degré de l'aberration.

Si on a du chagrin, c'est une funèbre plaisanterie du plus mauvais goût, un accessoire
disproportionné avec l'ordre de choses qu'il
accompagne, une burlesque superfétation.
Si on n'en a pas, si on porte le deuil d'une
belle-mère, dont le trépas vous comble de
joie, le contraste choquant entre l'épanouis-
sement de votre physionomie, la folichonne-
rie de votre attitude et la noirceur de votre
accoutrement prête furieusement à rire et

donne bien inutilement la comédie aux camarades.

Afficher extérieurement la mort d'un parent sans importance, qui ne regarde pas le public et que, dans la plupart des cas, il ignorerait si vous ne vous acharniez à l'en informer ; se tuer à appeler l'attention de la galerie et à faire savoir à tout le monde, par la nuance de son habit, qu'il s'est passé dans votre vie un événement qui devrait vous consterner, mais qui, vu l'égoïsme et la sécheresse de votre nature, vous laisse absolument froid quand il ne vous réjouit pas, est, d'ailleurs — convenez-en — une jolie impudence, je dirai presque une provocation...

Pour soi-même c'est gênant et cela vous met plus d'une fois dans l'embarras. Ça fait jaser les imbéciles, donne lieu à des commentaires et vous oblige à étaler devant le monde des sentiments bons ou mauvais que l'on devrait pouvoir garder pour soi tout seul ou pour ses amis intimes.

Si encore le deuil était facultatif ! Si la durée en était laissée à l'appréciation de ceux qui sont tenus de le porter ! Mais décréter d'autorité que, pendant six mois, tout juste, on sera dans la désolation et qu'après six mois et un jour, comme par enchantement, comme par un coup de baguette, on cessera subitement de se désespérer, on se livrera, sans transitions, aux démonstrations les moins équivoques de l'oubli et de l'allégresse, quelle bouffonnerie !...

Et puis, pourquoi, puisque l'on a imaginé d'attacher une signification de tristesse ou de gaieté au costume des individus, n'en-dosse-t-on pas celui qui est censé indiquer l'abattement et la sombre mélancolie de votre âme, à l'occasion de la perte d'un ami de d'cœur, un être cher que l'on regrette et

que l'on pleure, tout aussi bien et plus encore
que pour la disparition d'un oncle d'Amérique que l'on n'a jamais vu?

Non, tant qu'on ne m'aura pas démontré,
par A plus B, qu'il est convenable et bien-
séant de s'attifer comme un croque-mort
quand votre beau-frère, par exemple, qui ne
vous a jamais procuré que du désagrément,
s'en va recevoir le prix de ses vertus, tandis
que l'on continue à se pavaner dans un complet amadou ou dans une robe bleu tendre
lorsque le compagnon fidèle de vos plaisirs
et de vos peines, l'inséparable de toutes les
heures, vient à vous manquer, je m'obstinerai
à ne pas comprendre et à m'égayer des lois
funambulesques auxquelles obéit, sans y
croire, du reste, cette vieille farceuse de
société.

.·.

Il y a quelque chose de plus grotesque encore et de plus inconvenant que le deuil : ce sont les lettres de faire part.

Il y est question de tout, excepté du défunt. Une page entière consacrée aux parents, aux alliés, aux cousins au soixantième degré — y compris les enfants à la mamelle — et, en bas, comme par hasard, deux lignes laconiques concernant le principal intéressé...

Agaçant, choquant et oiseux, ce prospectus-réclame en faveur des survivants, énumérant avec prolixité et complaisance leurs titres et qualités, enregistrant leurs fonctions passées ou présentes, leurs décorations, leurs médailles de sauvetage. Pour un peu on y ajouterait les prix qu'ils ont eus au collège.

On croirait vraiment qu'il s'agit, non de l'annonce d'un malheur, mais d'un boniment pour lancer un nouveau produit pharmaceutique. Et tout cela sous prétexte d'apprendre à des gens, qui ordinairement le savent déjà, qu'un de vos proches a défilé la parade!... Se servir d'un cadavre pour battre la grosse caisse et pour faire son chemin est une conception macabre qui suppose un détraquement avancé de la cervelle.

Et les condoléances, tantôt trop banales et tantôt d'un sentimentalisme déplacé ! Dans le premier cas elles froissent la sensibilité et la sincère affliction de celui auquel elles s'adressent ; dans le second, elles ont l'air de lui donner une leçon et elles l'exaspèrent.

Et les enterrements, surtout, ces cérémonies révoltantes et cruelles qui forcent un mari ou un fils à se mettre en habit noir et en cravate blanche pour venir, brisé par la souffrance, se donner en spectacle à une foule d'indifférents et de sceptiques !

Ces parades mortuaires où tout est sacrifié à l'ostentation et au luxe et dont le but est encore et toujours de satisfaire la sotte vanité de la famille, de lui donner du relief et de l'éclat, de faire du chic !

S'il. en était autrement, croyez-vous que l'on y convierait, pour faire nombre, des gens que l'on connaît à peine de nom, que cela ennuie prodigieusement et qui font tache dans ce cortège dont le caractère devrait être essentiellement privé et familial ?

Elle est édifiante, l'attitude des neutres dans ces occasions ! Et plus l'enterrement est pompeux et fashionable, plus il a l'air

d'un divertissement et d'une fête. Sans
compter ce qui s'y dit...

On y entend des conversations comme
celle-ci :

— Eh bien! ce pauvre X!... comme ç'a été
prompt!

— Ne m'en parlez pas. Quand je pense
qu'il y a huit jours, je l'ai rencontré au
Bois!...

— Oui, c'est terrible! Mais, entre nous, il
n'était que temps. C'est peut-être fort heureux pour lui et pour les autres. Cela coupe
court à bien des choses. C'est une solution.

— Sans doute. Au fond, il ne valait pas
cher. Agréable, mais si léger et si dépourvu
de sens moral!

— Allez-vous à l'Opéra ce soir, cher ami?

— Oui. Et vous? Je tiens à voir Mauri
dans le nouveau ballet!...

**

Autre usage adorable : certains anniversaires. La pensée délicate de rappeler à une femme coquette, par l'envoi de fleurs ou d'un présent, qu'elle double le cap de la quarantaine, ne viendrait jamais à des mâles sans éducation.

Il faut être supérieurement élevé et raffiné jusqu'à la folie pour imaginer semblable impertinente attention. Ce que ça les ennuie, les femmes ; ce qu'elles vous envoient à tous les diables en pareil cas, est impossible à décrire. Dame ! mettez-vous un peu à leur place...

La manie de célébrer les anniversaires de tout ce qui vous est arrivé d'heureux ou de malheureux est, d'ailleurs, une absurdité qui pourrait mener très loin et qui finirait par empoisonner les jours des personnes les plus calmes et les plus philosophes.

Quand on est entré dans cette voie, il n'y a pas de raison pour ne pas fêter l'anniversaire de la date où l'on est guéri de la scarlatine, de celle où l'on a eu sa première maîtresse, où l'on a reçu son diplôme de bachelier, où l'on a fait un bon dîner et... passé une agréable soirée ; de celle où l'on s'est débarrassé d'un crampon, où l'on a monté un cheval agréable...

Il n'y a pas de raison non plus pour ne pas se morfondre, geindre et s'attrister, pour ne pas se séquestrer et s'abandonner aux plus pénibles réflexions à chaque anniversaire des époques où l'on a eu un accident de voiture, où l'on a perdu de l'argent au jeu, où votre femme vous a fait une scène de jalousie, où l'on est rentré bredouille de la chasse, où l'on a subi une crise de rhumatisme...

On en aurait pour tous les jours de l'année et pour toutes les heures du jour. Pourquoi pas ?

Ce ne serait ni plus assommant ni plus inepte que de se mettre en frais d'organiser une réception à grand orchestre et de convoquer ses amis et connaissances à la célébration solennelle de vos noces d'or ou de vos noces d'argent.

Passe encore pour ces dernières où les deux époux sont dans un état de conservation relatif et où, en éveillant dans l'imagination des assistants tout un monde d'images libidineuses et de tableaux bizarres, ils peuvent, à la rigueur, ne pas leur inspirer une profonde répulsion. Bien que la solennité commémorative de cette suprême indécence qui a nom : le mariage, soit, en elle-même, des plus malséantes, particulièrement quand la combinaison a mal tourné, ce qui arrive quelquefois.

Mais les noces d'or!... Mais l'exhibition sénile de l'accouplement de deux momies, vivantes seulement par un reste d'habitude, qui ne devraient avoir qu'une préoccupation : jeter un voile sur leur passé conjugal et qui, au contraire, en exécutent publiquement la parodie, qui vont, peut-être, se croire obligées la nuit... horreur !

Vrai, je ne conçois pas qu'un vieux monsieur et une vieille dame qui se respectent se prêtent à une pantalonnade aussi désobligeante. Je n'en ris même pas comme du reste : je détourne la tête et je file.

*
* *

Vous êtes-vous jamais demandé d'où avait pu venir la coutume extravagante de ces réunions à heures fixes, autour d'une table, qu'on appelle des *repas* ?

Moi, j'y ai pensé souvent et je n'ai pas encore pu me les expliquer. Je les trouve extraordinaires, absurdes, incompréhensibles et, chaque fois que j'y assiste, je suis plongé, malgré moi, dans une série de méditations qui ne tardent pas à me transporter dans le domaine dangereux de la pure divagation...

Il est clair que l'idée de se rassembler, de rechercher la compagnie de son semblable, de se mettre en évidence et en grand apparat pour remplir une des fonctions les plus intimes, les plus prosaïques, les plus ennuyeuses et les plus répugnantes de l'existence, est éminemment biscornue.

Ce qui serait naturel, ce serait de s'isoler et de se cacher comme on le fait lorsqu'on se livre à d'autres soins impérieusement exigés par la nature et d'apporter à l'action de se nourrir toute la gravité, toute l'attention et toute la commodité que comporte l'hygiène.

S'astreindre à ingurgiter, dans un laps de temps donné, sur des sièges inconfortables, serrés les uns contre les autres comme des anchois dans un baril en se soumettant à une infinité de servitudes et de préoccupations commandées par le savoir-vivre, une quantité de mets que l'on ne choisit même pas et dont on ne peut pas manger à volonté, me paraît être le paroxysme de la démence.

Les anciens, au moins, prenaient leurs repas couchés et n'en limitaient guère la durée, ce qui était, à la fois, plus sain et moins désagréable.

Mais nous !... Quand on songe que les personnes de votre connaissance qui vous invitent à dîner, c'est-à-dire à vous abîmer l'estomac et à vous mettre, pendant deux heures, l'esprit à la torture pour être poli, au lieu de vous régaler tranquillement, sont censées vous faire une politesse !

Quand on songe que la nourriture est l'infime accessoire dans un repas élégant et qu'il faut, par-dessus le marché, y être de bonne humeur, supporter sans sourciller toutes les lenteurs, toutes les histoires à dormir debout et trouver tout délicieux !...

Je vous laisse le soin de conclure.

.⁎.

Et, finalement, que dites-vous de la turlu-
taine qui consiste à se fourrer, sans y être
forcé, une poudre noire et puante dans le nez
au point de le faire devenir rouge comme
une pivoine et ressembler à une enseigne de
cabaret, ou de l'infirmité qui transforme la
bouche des fumeurs en une simple cheminée,
ou de l'inepte dépravation qui pousse une
partie du genre humain à se brûler l'or-
ganisme en avalant, sous des noms divers,
un alcool détestable?...

Si tout cela ne vous donne pas le spleen,
si vous n'en prenez pas la nostalgie de l'in-
culte et le dégoût de la civilisation, c'est que
vous êtes indécrottable.

Après tout, vous auriez peut-être raison...
je n'en jurerais point.

XIII

LE THÉATRE

XIII

LE THÉÂTRE

———

Pas le moindre doute à cet égard : Tel qu'il est, tel qu'on nous l'a fait, tel que la masse le comprend, l'accepte et le savoure, c'est un enfantillage et une niaiserie; une parade tantôt grotesque, tantôt odieuse, capable tout au plus de charmer des nourrices ou des femmes de chambre de province et absolument insupportable pour tout être

pensant qui veut se donner la peine de réfléchir.

Mais le propre de l'homme civilisé est de
ne jamais réfléchir, de suivre ce qu'on appelle la tradition, de se conformer aux usages,
d'emboîter le pas derrière les sots et de se
crétiniser religieusement selon les règles établies...

Un homme d'esprit, désireux de garder
l'anoyme, a dit :

*Si les gens du monde se plaisent tant au
théâtre, ce n'est pas seulement parce qu'ils
sont incapables de trouver des idées en eux-
mêmes ; c'est aussi parce qu'ils trouvent
sur les planches quelque chose de plus faux
et de plus convenu que ce qu'ils voient tous
les jours autour d'eux.*

Le fait est que le faux, le convenu et l'absurde s'y disputent la palme et se partagent
l'enthousiasme des spectateurs. Il est clair

que, si, dans un salon — où les bizarreries
ne font, pourtant, pas défaut — il prenait
fantaisie à quelqu'un d'imposer à l'assemblée
le quart des balourdises, des puérilités, des
monstruosités qui ont cours au théâtre, on
ne le supporterait pas un seul instant.

Et les mêmes personnes, qui se piquent de
finesse, de dilettantisme, de critique sévère,
voire de scepticisme, vont s'enfermer à prix
d'or, pendant quatre heures, dans une boîte
à coléoptères, pour avaler, sans broncher,
même avec grand plaisir, des incongruités
qui les feraient bondir partout ailleurs!!!

Ce que le bon public, composé de dames
et de messieurs qui se croient intelligents
(et qui le sont peut-être), accepte de ficelles
grossières, de situations impossibles, d'épi-
sodes révoltant le sens commun, de vieilles
rengaines soporifiques et plates, de traits
d'esprit qui ont traîné dans tous les ateliers,

de scènes immorales sans être vraies, vulgaires sans être naturelles; ce qu'il accepte et ce qu'il applaudit est absolument invraisemblable.

Et si, par hasard, il s'insurge, ce bon public; s'il donne des signes de mauvaise humeur, s'il refuse de comprendre, s'il prend des airs pudibonds, c'est que, par extraordinaire, on lui dit la vérité; c'est qu'on lui montre des portraits trop ressemblants ; c'est qu'il reconnaît ses travers et ses turpitudes dans les personnages de la pièce ; c'est qu'on le force à prendre sa part de l'odieux ou du grotesque qu'on lui exhibe; c'est qu'il sent trop où le bat le blesse...

Montrez-lui un épicier ou un savant outrageusement c...u d'une façon improbable et dans des circonstances qui ne se présentent jamais dans la vie réelle, la presque totalité, qui ne se compose ni d'épiciers ni de savants et qui se dit, d'ailleurs, que les caractères sont trop faux, trop fantaisistes, trop inadmissibles pour s'appliquer même à des épiciers ou à des savants, la presque totalité se pâmera d'aise et trouvera que la comédie qu'on a l'honneur de représenter devant elle est une profonde et spirituelle étude de mœurs.

Mais ne vous avisez point de peindre en général et d'après nature un mari complaisant et ignominieux, une femme perverse et avilie comme on en rencontre tous les jours, comme chacun de ceux qui composent votre auditoire en connaissent et en fréquentent, comme il s'en trouve plus d'un et plus d'une dans la salle ; car, alors, ce sont des pommes cuites que vous recevrez :

— Quelle horreur ! Quelle inconvenance ! C'est ignoble.

— On n'a pas idée d'une effronterie de ce calibre ! Est-ce assez bête !...

— Où, diable, ce monsieur a-t-il vu des choses pareilles? Et dans quelle société a-t-il vécu?...

La tragédie? Le répertoire classique? Un joli moyen de rapetisser des chefs-d'œuvre littéraires, de leur faire suer l'ennui, de les rendre burlesques et agaçants. Faire parler Britannicus, Mithridate, Phèdre et Athalie comme des courtisans du temps de Louis XIV, sur un ton déclamatoire et maniéré tout à la fois, avec des poses et des intonations de convention, c'est un comble; et les habitués du Théâtre-Français qui font mine de s'extasier sur ce genre de spectacle, m'ont tout l'air d'être des poseurs voulant abuser de notre jeunesse.

Que penser d'un opéra où un monsieur en bottes à l'écuyère vient vous *chanter*, la bouche en cœur et sur un air dramatique, le récit d'un voyage, d'une aventure ou d'un fait quelconque qui raisonnablement ne peut être que *parlé?* Comme si la musique, cet art divin qui exprime à lui seul tous les sentiments, qui les idéalise et les nuance au plus haut degré, avait besoin d'être abimée et trivialisée par des contrastes absurdes et des idioties à faire rire les poules !

Et les inconvenances scéniques! Les fausses notes, les gaffes de Messieurs les auteurs!... Lorsque, dans l'*Étrangère*, un laquais poudré et galonné ouvre la porte au moment le plus pathétique de l'intrigue pour jeter cette phrase épique : *Madame la duchesse paraît souffrante!* Lorsque, dans *la Comtesse Romani*, les visiteurs entrent au salon bras dessus bras dessous, croyez-vous que ce ne soit pas godiche ?

.·.

Une des raisons pour lesquelles la bête humaine des deux sexes aime tant le théâtre c'est, j'imagine, que, dans tout individu civilisé, il y a du cabotin. On a intérieurement conscience de ressembler aux acteurs ; on envie secrètement leur notoriété et leurs succès ; on les admire, on les gobe, on leur tresse des couronnes, on se monte la tête pour eux.

Et plus une civilisation est avancée, plus on leur accorde d'importance, de considération et de prestige. Quand elle est perfectionnée, comme la nôtre, au point de tomber en décomposition, la place donnée aux cabotins devient phénoménale, le piédestal sur lequel on les juche insensé.

Ni Turenne, ni Condé, ni Napoléon n'ont reçu plus d'honneurs et provoqué autant d'enthousiasme que Sarha Bernhardt, Patti et Edouard de Reszké. A côté d'eux, les meilleurs généraux, les plus grands patriotes, les écrivains les plus illustres ne sont que des polissons. Je ne sais pas si ça les humilie les vrais grands hommes, mais je crois que ça doit les vexer tout de même. Il est vrai qu'il leur reste la ressource de s'engager au *Châtelet* où à la *Porte-Saint-Martin*...

Là ils auront pour eux, non seulement les transports spontanés, les applaudissements épileptiques de leurs concitoyens, mais encore *la claque.* Une belle institution aussi que celle-là! Des bravos frelatés et tarifés, un délire de commande, bruyant, assourdissant, brutal, malpropre, arrivant perpétuellement à contre-temps, dont personne n'est dupe, mais que tout le monde admet et tolère. — On se demande pourquoi...

Toujours du postiche, du strass, du ruolz, du convenu, du fardé, de la blague, de la sottisse et une aveugle soumission aux règles établies par les imbéciles.

Quelle pitié!...

XIV

LES OPINIONS POLITIQUES

XIV

LES OPINIONS POLITIQUES

———

Qu'est-ce qu'une opinion politique ?

Réponse : *C'est un état d'esprit morbide,
aigu, abrutissant et dangereux qui consiste
à traiter, de parti pris, d'imbécile et de
gredin tout individu professant, sur le
gouvernement de son pays, d'autres doc-
trines que celles dont il vous plaît de faire
parade — sans la moindre sincérité, du
reste.*

14.

Le monsieur qui croit avoir une opinion politique est un monomane d'une espèce fort désagréable, dont l'intelligence s'est graduellement atrophiée au point de perdre toute initiative personnelle, toute existence propre, toute velléité de libre arbitre et de ne plus fonctionner que d'une façon étroite, subordonnée à la marotte du groupe d'aliénés auquel il appartient.

Le caractère de sa folie, c'est de ne pouvoir avouer d'autres idées que celles de ses compagnons de cabanon, quelque absurdes et ridicules qu'elles lui paraissent parfois. Et plus il s'obstine à persévérer malgré lui dans un système qu'il sait être inepte, sous prétexte qu'il a été irrévocablement adopté par *son parti*, plus il est fier de lui, plus il se rengorge et se considère comme un être supérieur.

Se laisser guider par la raison et le bon

sens, affirmer, au besoin, son indépendance, lui semble une faiblesse et une bêtise qu'il faut abandonner aux âmes vulgaires et aux gens de rien. Immoler, sans résultat, son jugement à une manière de voir et de sentir préconçue et discutable pour le moins, se faire l'esclave d'une coterie qui vous traîne à sa remorque jusqu'aux dernières limites de la divagation et de l'enfantillage, à la bonne heure : voilà qui est bien, qui est grand et qui est noble, voilà qui est fin surtout !...

Pour en arriver là, la première, la plus indispensable des conditions, c'est de manquer absolument de conviction. N'avoir de principes d'aucune sorte, être totalement privé de raisonnement, d'esprit et d'initiative est de toute nécessité. C'est, du reste, ce qui fait la beauté et le charme de la chose.

L'amusant est que la compagnie à laquelle

s'est benoîtement livré le sujet atteint d'opinion politique, change d'idée fixe comme de chemise, condamne dans un temps ce qu'elle approuve dans un autre, trouve excellent chez ses amis ce qu'elle déclare détestable chez ses adversaires et se sert des mêmes arguments — selon les besoins de la cause et du moment — pour combattre et pour défendre tour à tour les mêmes actes et les mêmes théories. D'où il advient que le possédé sur lequel elle a mis le grappin n'a même pas la satisfaction de déraisonner avec suite et tranquillité. On le secoue comme un prunier ; on achève de le crétiniser et il tombe dans le délire le plus effrayant.

Sous le règne prosaïque et bourgeois du fadasse Louis-Philippe, quand le maréchal Soult était dans l'opposition, il avait gagné la bataille de Toulouse ; quand il était dans le gouvernement, il l'avait perdue...

Nous voyons beaucoup mieux que cela, nous autres quintessenciés et fin de siècle. Mais, depuis que l'homme vit en société et qu'il s'est ingénié à se *civiliser*, ça a toujours été la même chanson et il n'y a pas de raison pour que ça finisse.

.*.

Il y en a, en revanche, une affinité, et des plus drôlatiques, pour qu'un malheureux, venu au monde sans infirmité intellectuelle, soit contaminé par le virus et en devienne insupportable.

On a une opinion politique par chic, pour se faire admettre et bien voir par un petit nombre de farceurs que l'on regarde comme le *nec plus ultra* de ce qui est élégant et raffiné.

On a une opinion politique parce qu'on se figure que cela vous donne de l'importance aux yeux de la foule et vous fait passer pour intelligent sans avoir besoin de le prouver autrement.

On a une opinion politique parce qu'on se persuade, non sans motif, du reste, que c'est le procédé le plus expéditif et le plus facile pour se créer un entourage et des appuis et pour avoir, dans son milieu, la réputation d'un galant homme, alors même que, dans sa vie privée, on serait le plus méprisable des coquins.

On a une opinion politique pour plaire à une femme qui fait semblant d'en avoir une, et qui, tout en s'en fichant au fond comme d'une guigne pourrie, vous mettrait impitoyablement à la porte si vous n'aviez pas la mine de quelqu'un qui partage la démence dont elle est censée être atteinte.

On a une opinion politique parce qu'on n'a d'idées et d'opinions sur quoi que ce soit, et qu'il est beaucoup plus commode de s'approprier une conception toute faite que de penser, de réfléchir et de se former soi-même une doctrine.

Le suffrage dit universel, probablement parce qu'il est essentiellement restreint et circonscrit, exerce aussi une influence énorme sur les pauvres inconscients que la faiblesse de leurs facultés prédispose à la plus navrante des hystéries.

Quiconque est en proie à la maladie électorale et se met en tête de briguer les votes de ses concitoyens, qui, pour la plupart, notez-le bien, ont le bon esprit de ne pas avoir d'opinions politiques, est tenu, par le fait seul de sa posture de candidat, à étaler une croyance ou un préjugé, qui en tient lieu.

On le force à la confesser publiquement, après l'avoir choisie, cela va sans dire, en conformité de celle qu'il suppose — souvent avec une admirable candeur — être préférée par la majorité. Et, une fois qu'il s'est affirmé, qu'il s'est compromis dans un sens ou dans l'autre, le voilà pris pour le reste de ses jours.

Est-ce assez gai !

.˙.

Il est parfaitement respectable et admis de professer des insanités, de défendre des principes hétéroclites et idiots qui sont le rebours du sens commun et que l'on n'a pu accepter qu'en faisant litière de sa conscience et de son jugement — si, par hasard, on en a.

Mais ce qu'on ne vous pardonne pas, par exemple, c'est d'obéir à la loi naturelle, en vertu de laquelle tout se transforme et se modifie; c'est d'apporter le moindre changement à ce que l'on nomme *vos opinions* en les adaptant aux temps, aux circonstances et aux possibilités.

Ne vous avisez point de penser à cinquante ans autrement qu'à vingt-cinq, en démocratie autrement que dans une société aristocratique, pendant la famine autrement qu'en pleine abondance. Vous seriez anathématisé et conspué.

Vous avez beau, dans un instant de lucidité, vous apercevoir que vous avez fait fausse route, vouloir reconnaître vos erreurs et entrer dans une voie plus rationnelle : impossible. Si vous persévérez, avec l'entêtement d'une mule rétive, dans la même chimère, on vous appelle *nature d'élite, grand patriote, loyal adversaire.* Si vous manifestez la velléité de changer de dada ou simplement d'approuver ce qui vous semble juste et opportun, et de désapprouver ce qui vous le paraît moins, on vous traite de *girouette,* de *transfuge,* de *traître,* de *vendu...*

Vous êtes dans la maison de fous, restez-y avec les camarades, ou, sans cela, on vous mettra la camisole de force. De quel droit vous permettez-vous de vous séparer de la bande, d'avoir une volonté, une manière de voir, de ne pas mourir, comme le lierre, où vous êtes attaché ?

Croyez-vous donc que ceux qui restent n'en sachent pas aussi long que vous et que, résolus, par une espèce d'amour-propre maladif, à se couvrir de honte, ils souffriront que vous les lâchiez ?

Que d'hommes ayant de la valeur, des capacités, du mérite, sont devenus improductifs, inutiles et comateux pour avoir été infestés par une opinion politique, pour s'être laissé absorber et annihiler par ce qu'on est convenu d'appeler un parti? Fallait pas qu'ils y aillent.

Quelqu'un qui, en art, en littérature, en science, ne tiendrait aucun compte de la diversité des époques, des découvertes faites, des transformations accomplies, qui resterait stationnaire et encroûté dans les vieilles formules, serait coté comme une buse et entièrement déconsidéré. En politique, c'est différent : le sublime de la grandeur et de l'éclat réside dans la fidélité passive et irraisonnée à une combinaison établie une fois pour toutes et à l'association qui l'exploite. Concluez...

⁂

Et quand on pense que chacun a la prétention ultra-comique de faire accroire à ses semblables que sa folie particulière est la meilleure ; quand on pense qu'il y a, dans la société, des opinions politiques bien portées, d'autres très mal venues !...

Comme si un dérangement du cerveau pouvait jamais être enviable et distingué !

Les divers clans politiques, qui affirment leur infaillibilité et qui se dénigrent les uns les autres, me font l'effet de ces pensionnaires de Charenton qui, lorsqu'on adresse la parole à un de leur co-internés, vous disent avec un imperturbable sang-froid : « Ne parlez pas à celui-là ; il est fou. »...

Pour moi, je ne m'en défends point, ils le
sont tous autant les uns que les autres et je
n'y trouverais rien à redire si, généralement,
ils n'étaient par surcroît des fous furieux.

Il est certain que, les trois quarts et demi
du temps, le sentiment qui domine dans une
opinion politique c'est la haine, une haine
féroce et implacable. A l'heure qu'il est, on
n'aime plus rien avec passion, avec désin-
téressement, avec sincérité; mais on déteste
souvent quelque chose ou quelqu'un ; et,
pour connaître l'opinion politique d'un hal-
luciné qui se targue d'en avoir une, il suffit
de savoir ce qu'il exècre.

Joli monde ! !...

FIN

TABLE DES MATIÈRES

ÉMILE COLIN. — Imprimerie de Lagny

www.ingramcontent.com/pod-product-compliance
Ingram Content Group UK Ltd.
Pitfield, Milton Keynes, MK11 3LW, UK
UKHW021052150726
13693UKWH00007B/309